내 생일도 국경일 하면 안 돼요?

사진출처

독립 기념관
01/ 대한 독립 선언서(136, 141, 156쪽) **02/** 김구 서명문 태극기(137, 156쪽) **03/** 군사 활동과 의열 투쟁 모형(137쪽) **04/** 임시 정부 연화지 청사 모형(137쪽) **05/** 마법 사진관(138쪽) **06/** NUGU 알버트 코딩 로봇 체험(139쪽) **07/** 실감형 인터랙티브 콘텐츠(139쪽)

통합교과 시리즈 참 잘했어요 사회 ⑩

내 생일도 국경일 하면 안 돼요?

ⓒ 윤정, 2015

1판 1쇄 발행 2015년 2월 16일 | **1판 4쇄 발행** 2023년 7월 10일

글 윤정 | **그림** 조은애 | **감수** 초등교사모임
펴낸이 권준구 | **펴낸곳** (주)지학사
본부장 황홍규 | **편집장** 김지영 | **편집** 박보영 이지연 | **디자인** 이혜리 이혜진
마케팅 송성만 손정빈 윤술옥 박주현 | **제작** 김현정 이진형 강석준 오지형
등록 2010년 1월 29일(제313-2010-24호) | **주소** 서울시 마포구 신촌로6길 5
전화 02.330.5263 | **팩스** 02.3141.4488 | **이메일** arbolbooks@jihak.co.kr
ISBN 979-11-85786-28-5 74400
ISBN 978-89-94700-68-7 74400(세트)
잘못된 책은 구입하신 곳에서 바꿔 드립니다.

 제조국 대한민국   사용연령 8세 이상
KC마크는 이 제품이 공통안전기준에 적합하였음을 의미합니다.

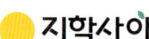 아르볼은 '나무'를 뜻하는 스페인어. 어린이들의 마음에 담긴 씨앗을 알찬 열매로 맺게 하는 나무가 되겠습니다.

홈페이지 www.jihak.co.kr/arb/book | **포스트** post.naver.com/arbolbooks

참 잘했어요 사회

내 생일도 국경일 하면 안 돼요?

글 윤정 | 그림 조은애 | 감수 초등교사모임

지학사아르볼

펴냄 글

사회는 왜 어려울까?

1. 역사·경제·지리·문화·정치 등 공부해야 할 범위가 넓다.
2. 책이나 교과서를 볼 땐 이해할 것 같다가도 돌아서면 헷갈린다.
3. 사회 교과를 공부하기 위해 꼭 알아야 할 단어가 너무 어렵다.
4. 사회 공부 책은 글만 빽빽이 많아서 지루하다.

사회 공부, 쉽게 하려면 통합교과 시리즈를 펼치자!

통합교과란?
- 서로 다른 교과를 주제나 활동 중심으로 엮은 새로운 개념의 교과
- 하나의 주제를 **개념·역사·경제·사회·과학·수학·인물** 등 다양한 교과 영역에서 접근해 정보 전달 효과를 높임
- 문이과 통합 교육 과정에 안성맞춤

이런 학생들에게 통합교과 시리즈를 추천합니다!

사회 교과를 처음 배우는 초등학교 **3학년**
사회가 지겹고 어렵게 느껴지는 **4학년**

통합교과 시리즈

- **개념** — 개념을 알아야 주제가 보인다! 개념 완벽 정리
- **역사** — 동화·만화·인터뷰 등 재미있게 풀어낸 이야기를 읽다 보면 역사 지식이 머릿속에 쏙!
- **예술** — 우리나라 문화유산을 통해 창의력을 기른다.
- **체험** — 글로만 배우는 사회는 그만! 체험을 통해 책에서 얻은 지식을 진짜 내 것으로 만들자!
- **사회** — 정치·경제·지리 등 사회 과목을 세부적으로 파고들어 주제에 대한 이해를 높인다!
- **인물** — 한 분야를 대표하는 위대한 인물의 리더십과 창의력을 배운다!

차례

1. 우리나라의 국경일은 모두 며칠일까?_10p   국경일의 개념

- 16   나라의 경사를 기념하는 특별한 날
- 18   정답을 맞혀라! 국경일 퀴즈
- 24   외국에는 이런 국경일이 있다!

2. 빼앗긴 나라를 되찾자, 삼일절_26p

- 30   온 국민이 하나가 된 날
- 32   삼일 운동을 일으키기까지
- 36   들불처럼 번진 삼일 운동
- 42   삼일 운동 그 이후
- 48   삼일 운동과 관련된 사건과 사람들

3. 최초의 헌법을 만들다, 제헌절_50p

- 56   대한민국 헌법이 태어난 날
- 58   제헌 국회와 헌법
- 60   법 중의 법, 헌법
- 62   정의를 위한 헌법 재판소
- 66   대한민국의 법이 만들어지는 곳, 국회 의사당

4. 나라의 빛을 되찾다, 광복절_68p

- 74   잃어버린 나라를 되찾은 날
- 76   광복이 되기까지
- 78   해방 뒤에도 산 넘어 산
- 84   광복, 그러나 잊지 말아야 할 것들!

5. 이 땅에 나라를 세우다, 개천절 _86p

- 92 하늘이 열린 날, 고조선 건국
- 94 단군 신화
- 96 단군 신화에 담긴 뜻을 알자!
- 98 개천절 유적
- 102 고조선은 어떤 나라였을까?

6. 자랑스런 우리 글자를 만들다, 한글날 _104p

- 110 우리 글자가 탄생한 날
- 112 훈민정음 창제 이야기
- 118 한글의 과학적 원리
- 120 한글과 관련된 유물
- 124 한글날 제정에 얽힌 이야기

7. 역사가 숨 쉬는 독립 기념관으로 출발! _126p

- 132 겨레의 얼이 숨 쉬는 독립 기념관
- 134 제5관 나라 되찾기(국내외 항일 무장 투쟁)
- 136 제6관 새로운 나라(항일 운동, 대한민국 임시 정부)
- 138 제7관 체험 존
- 142 진정한 독립 역사가 담긴, 서울 서대문 독립 공원

- 144 **워크북**

등장인물

가온

초등학교 3학년. 활달하고 호기심이 많은 소녀이다. 역사에 전혀 관심이 없었으나, 우연히 타임 내비게이션을 만나 국경일과 관련된 역사 속 시간 여행을 떠난다. 타임 내비게이션과 함께 국경일에 대해 알아보면서 가온이는 점차 역사 공부에 흥미가 생기고, 애국심이 자라나는 것을 느낀다.

타임 내비게이션

가온이를 역사 시간 여행으로 안내해 주는 첨단 기계. 국경일에 대해서 전혀 몰랐던 가온이에게 차근차근 각 국경일에 대한 사건과 의미를 가르쳐 준다. 가온이의 어떤 궁금증도 단숨에 해결해 줄 만큼 척척박사이다.

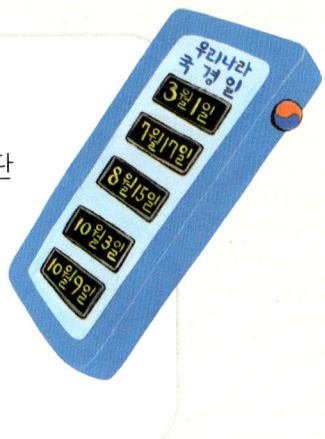

1 우리나라의 국경일은 모두 며칠일까?

— 국경일의 개념

신기한 타임 내비게이션

"아! 학교에 안 가니까 너무 심심해!"

가온이는 오늘 학교에 가지 않았어요. 개교기념일이거든요.

가온이는 옆 동네에 사는 동갑내기 사촌 민주에게 전화를 걸었어요. 그런데 민주는 학교에 갔다는 거예요. 민주는 다른 초등학교에 다니고 있지요.

"엄마, 민주는 집에 없대요."

"당연하지. 가온이네 학교만 개교기념일이니까!"

"그럼 토요일, 일요일 빼고 민주랑 나랑 같이 쉬는 날은 언제예요?"

"음, 공휴일이나 국경일 같은 날이겠지?"

"국경일이요? 언제가 국경일인데요?"

"3학년씩이나 돼서 그것도 몰라? 네가 직접 알아봐."

"칫, 알았어요."

민망해진 가온이는 운동화를 신고 밖으로 나갔지요. 놀이터에는 아무도 없었어요. 실망한 가온이는 혼자서 그네를 타기 시작했어요.

그네는 조금씩, 조금씩 더 높이 올라갔어요. 바람이 시원했지요. 가온이는 눈을 감고 바람 냄새를 맡으며 더 높이 올라갔어요.

그런데 그때 어디선가 엄청난 바람이 불어왔어요. 바람이 얼마나 강한지 마치 가온이 등을 떠미는 것처럼 느껴졌어요.

"어? 으아아악!"

가온이는 중심을 잃고 그만 그네에서 꽈당 떨어지고 말았어요.

모래판에 코를 박고 넘어진 가온이는 얼른 고개를 들었어요. 바람은 온 데간데없고, 놀이터 주변도 아무 일이 없었던 듯 무척 조용했지요.

그런데 발끝에 무언가가 걸렸어요. 그것은 모래 속에 푹 박혀 있어 모서리만 살짝 보였어요.

"이게 뭐지?"

그것은 꽤 묵직했어요. 두 손으로 쑥 뽑아 올렸더니, 가온이 손바닥보다 조금 큰 기계였어요. 내비게이션 같기도 하고 스마트폰 같기도 했어요.

"어떻게 켜는 거지?"

가온이는 물건을 이리저리 살펴보았어요. 그러다가 옆쪽에 동그란 버튼이 있는 걸 발견했지요.

가온이는 버튼을 꾹 눌렀어요. 그랬더니 기계 화면이 환하게 밝아지는 것이었어요.

"켜졌다!"

맨 처음 화면에는 '타임 내비게이션'이라는 글자가 떴어요. 그러고는 다섯 개의 아이콘이 나타났어요.

다섯 개의 아이콘에는 각각 어떤 날짜가 적혀 있었지요. '3월 1일, 7월 17일, 8월 15일, 10월 3일, 10월 9일'이라는 날짜였어요.

"어디서 많이 본 날짜인데? 3월 1일은 삼일절이고……."

자세히 보니, 날짜 위에 '우리나라 국경일'이라고 쓰여 있었지요. 가온이는 엄마가 국경일에 대해서 잘 모른다고 핀잔을 줬던 게 생각났어요.

"아! 이게 바로 국경일?"

가온이가 고개를 갸웃거리고 있는데 화면 안에서 뭔가가 돌아다니는 것이 보였어요.

무당벌레 모양의 움직이는 이모티콘이었어요.

"어? 이게 뭐야?"

가온이가 손가락으로 무당벌레를 찍자, 무당벌레가 말풍선을 그리며 말을 했어요.

[삐릭. 안녕하세요. 저는 국경일의 타임 내비게이션 도우미, 동글이입니다. 궁금한 게 있으면 언제든지 물어보세요.]

"우아! 신기하다!"

가온이는 내비게이션에 대고 큰 소리로 물어보았어요.

"안녕, 난 가온이야. 네 정체는 뭐니?"

[삐릭. 저는 한마디로 말하면 시간 이동 능력이 있는 기계랍니다. 국경일 아이콘을 누르면 각 국경일이 탄생한 역사 속 현장으로 가온 님을 데려갈 수 있어요. '돌아가기' 버튼을 누르면 다시 현재로 돌아오지요.]

가온이는 입이 쩍 벌어졌어요.

"정말? 그럼 지금 당장 시간 여행을 하게 해 줘!"

[그런데 시간 여행을 하기 전에 먼저 국경일에 대해 알아야 해요. 국경일에 대한 공부부터 하실래요?]

가온이는 타임 내비게이션을 타고 시간 여행을 하고 싶었어요. 그래서 두근거리는 마음을 안고 대답했지요.

"그래, 좋아! 사실 난 국경일에 대해 잘 몰라. 국경일에 대해서 알려 줘!"

나라의 경사를 기념하는 특별한 날

국경일이란?

　나라의 경사스러운 일을 온 국민이 함께 축하하기 위해 나라가 법률로 정해 놓은 날이에요. 그러니 남녀노소, 우리 국민이라면 누구나 기뻐할 만한 정말 큰 의미가 있는 날이어야 하겠죠.

　우리나라는 1949년 10월 1일에 만들어진 '국경일에 관한 법률'에 따라 삼일절(3월 1일), 제헌절(7월 17일), 광복절(8월 15일), 개천절(10월 3일)을 국경일로 정하여 지금까지 기념해 오고 있어요. 2006년부터 한글날(10월 9일)도 국경일에 포함되었답니다. 이렇게 해서 현재 우리나라 국경일은 모두 합쳐 다섯 날이지요. 국경일은 우리나라에 대한 애국심을 키우며 올바른 역사의식을 되새기기 위하여 꼭 필요한 날이랍니다.

법정 기념일도 있어요!

흔히 현충일을 국경일로 잘못 알고 있는 경우가 많아요. 그런데 현충일은 국경일이 아니고, 법정 기념일이랍니다. 법정 기념일은 무엇이냐고요? 법정 기념일은 특정한 일이나 의미 있는 사건을 기념하기 위해 나라에서 정한 날로, 국가 기념일이라고도 해요. 식목일, 과학의 날, 어린이날, 어버이날, 현충일 등이 있지요. 현재 우리나라에는 65개의 법정 기념일이 있답니다.

정답을 맞혀라! 국경일 퀴즈

재미있는 퀴즈를 풀며, 국경일에 대해 공부해 볼까요?

> **Q.** 우리나라 5대 국경일은 삼일절, 제헌절, 광복절, 개천절, 한글날이에요. 앞에서 말했듯이 현충일은 법정 기념일이지요. 현충일은 어떠한 이유 때문에 국경일이 되지 못했다고 해요. 그 이유는 무엇일까요?

국경일이 너무 많아서?

땡! 아니에요. 국경일은 '나라의 경사스러운 일을 온 국민이 함께 축하하기 위한 날'을 말해요. 그러나 현충일은 나라를 위해 목숨을 바치신 조상들을 기리는 날이에요. 경사스러운 날이기보다는 추념*하는 날인 것이지요. 때문에 국경일이 될 수 없었지만, 국경일만큼이나 중요한 날이랍니다.

★ **추념** 죽은 사람을 생각함

Q. 삼일절, 제헌절, 광복절, 개천절 모두 '절'로 끝나지만 유일하게 한글날만 '날'로 끝나지요. 한글날은 한글절이 아니고 왜 한글날일까요?

 특이해 보이려고?

땡! 세종 대왕이 한글을 만든 것을 기념한 날이 한글날이지요. 최초의 한글날 기념 행사는 1926년에 열렸는데, 그땐 '한글'이라는 이름이 아니라 '가갸글'이라고 불렀기에 그날을 '가갸날'이라고 했어요. 이것이 한글날의 시초가 되었지요.

그 뒤 국어학자인 주시경이 '한글'이라는 이름을 지어 1928년부터 '한글날'로 이름을 바꾼 거예요. '한글'이 우리말인데 굳이 '節 기념일 절'이라는 한자를 붙일 필요는 없지요. 국경일이라고 무조건 '절'을 붙이는 건 아니란 것, 알겠지요?

Q. 국경일 중에서 공휴일이 아닌 날은?

 정답은 …… 없다?!

정답은 제헌절이에요. 다른 국경일은 다 공휴일이라서 쉬는 날인데, 제헌절은 공휴일이 아니지요.

제헌절은 원래 공휴일이었지만 2008년부터 공휴일에서 제외되었어요. 2004년에 실시된 주5일 근무제★로 쉬는 날이 너무 많다는 이유 때문이라고 해요. 그런가 하면 한글날은 공휴일이 아니었는데 2013년부터 다시 공휴일이 된 경우지요.★

★ 주5일 근무제 일주일에 8시간씩 5일을 근무할 수 있도록 한 제도
★ 한글날은 원래 공휴일이었다가 1991년에 공휴일에서 제외되었다. 그러다 2013년에 한글을 만든 의미를 되새기기 위해 다시 공휴일로 지정되었다.

Q. 국경일에는 무얼 하며 보내면 좋을까요?

 쉬는 날이니까 당연히 놀러 가야지!

무슨 소리! 국경일을 무조건 '쉬는 날'이라고 생각하고 놀러 갈 궁리만 하는 사람들이 있어요. 그러면 국경일을 지정한 의미가 하나도 없겠지요. 나라에서 국경일을 지정한 건, 그날의 의미를 되새기고 기억하기 위해서예요. 집 앞에 태극기를 달고 국경일의 소중한 의미를 다시 한 번 생각해 봐요.

우리나라의 국경일은 모두 며칠일까?

국경일이란?

- 나라의 경사스러운 일을 온 국민이 함께 축하하기 위해 나라가 법률로 정해 놓은 날

우리나라 5대 국경일

- 삼일절(3월 1일)
- 제헌절(7월 17일)
- 광복절(8월 15일)
- 개천절(10월 3일)
- 한글날(10월 9일)

법정 기념일

- 특정한 일이나 의미 있는 사건을 기념하기 위해 나라에서 정한 날
- 식목일, 과학의 날, 어린이날, 어버이날, 현충일 등이 있음
- 법정 기념일과 각종 개별 법률에 의해 지정된 기념일을 합치면 총 65개가 있음

국경일에 관한 상식

① 현충일이 국경일이 아닌 이유는?

국경일은 나라의 경사스러운 일을 축하하는 날이다. 그런데 현충일은 나라를 위해 목숨을 바친 조상들을 기리는 날이기 때문에 국경일이 아닌 것이다.

② 한글절이 아니라 한글날인 이유는?

한글이 우리말인데 굳이 절이라는 한자를 붙일 필요가 없기 때문이다.

③ 국경일 중에 공휴일이 아닌 날은?

제헌절은 2008년부터 공휴일에서 제외되었다. 주5일 근무제가 실시되면서 쉬는 날이 너무 많다는 이유 때문이다.

④ 국경일에는 무얼 하며 보내면 좋을까요?

집 앞에 태극기를 달고 국경일의 소중한 의미를 되새겨 봐야 한다.

외국에는 이런 국경일이 있다!

다른 나라에서도 국경일은 건국이나 혁명과 관련된 날을 기념하는 경우가 많아요. 다른 나라 국경일에는 어떤 것들이 있는지 살펴볼까요?

중국

중국의 국경절은 우리나라의 개천절과 비슷한 날이에요. 1949년 10월 1일 지금의 중국 정부가 세워진 것을 기념하는 날이지요. 해마다 중국 국경절에는 10월 1일부터 일주일 정도 쉰다고 해요.

미국

미국의 가장 큰 국경일 중에 하나는 독립 기념일이에요. 독립 기념일은 7월 4일로, 영국의 식민지였던 미국이 영국과의 전쟁에서 승리하여 독립을 이룬 것을 기념하는 날이지요. 거리 곳곳에서 독립 기념일을 축하하는 퍼레이드와 불꽃 축제가 열린답니다.

프랑스

7월 14일은 프랑스의 혁명 기념일이에요. 혁명 기념일은 1789년 프랑스 시민들이 막강한 권력을 휘둘렀던 왕과 귀족에 맞서 일으킨 혁명이 성공한 날이에요. 7월 13일 저녁부터 프랑스 혁명을 기념하는 여러 행사가 열리지요.

네덜란드

네덜란드 국경일 중에는 '왕의 날'이 있어요. 이날은 왕의 탄생을 축하하며 온 국민이 축하하는 행사를 가져요. 전국의 마을에는 벼룩시장이 열리고, 사람들이 거리마다 가득하지요.

네덜란드 왕의 날은 원래는 2013년까지 '여왕의 날'이었어요. 율리아나 여왕이 태어난 4월 30일을 여왕의 날로 정하여 기념했으나, 2013년 알렉산더 국왕이 왕의 자리를 물려받으며 그가 태어난 4월 27일이 '왕의 날'이 되었답니다.

대한 독립 만세!

타임 내비게이션으로 공부를 하고 난 뒤, 가온이는 대한민국 국민으로서 왠지 부끄러운 마음이 들었어요.

'그동안 내가 국경일에 대해 너무 몰랐어. 이제부터 국경일을 더 열심히 알아봐야지. 시간 여행을 하며 더 좋을 텐데…….'

집에 돌아오니, 마침 엄마는 옆집에 놀러 간다는 쪽지를 남겨 둔 채 나가고 없었어요.

가온이는 얼른 타임 내비게이션을 꺼냈지요. 그러고는 '3월 1일'이라고 적힌 첫 번째 아이콘을 눌렀어요. 그랬더니 거기서 매우 밝고 강렬한 빛이 쏟아져 나왔어요.

눈이 부셔서 휘청하는 순간, 가온이는 어느새 자기 몸집보다 더 커진 타임 내비게이션 위에 올라타 날아가고 있었어요.

한참을 날아가던 타임 내비게이션은 사람들이 엄청나게 많이 모여 있는 거리에 가더니 멈추었어요. 그러더니 다시 크기가 작아졌지요.

"여기는 어디지?"

가온이는 두리번거리며 걷기 시작

했어요. 거리 곳곳에서 사람들이 떼를 지어 한도 끝도 없이 걸어 나왔어요. 무슨 행진을 하는 것처럼 보였지요.

"대한 독립 만세!"

"빼앗긴 나라를 되찾읍시다! 대한 독립 만세!"

거리에 나온 사람들은 저마다 손에 태극기를 쥐고 높이 흔들며 만세를 불렀지요. 그때 타임 내비게이션에 글자가 떴어요.

[삐릭, 여기는 삼일 운동이 일어난 현장입니다.]

"앗! 삼일 운동? 내가 그 현장에 와 있단 말이야?"

그때였어요.

"탕! 탕!"

어디선가 총소리가 들렸어요. 경찰복을 입은 사람들이 태극기를 든 사람들을 향해 마구 총을 쏘아 대기 시작하는 것이었어요.

"엄마야!"

가온이는 얼른 근처의 건물 뒤로 숨었어요. 아마도 일본 경찰이 삼일 운동을 막으려는 것 같았어요. 목 놓아 소리치며 쓰러지는 사람들의 모습을 보자 가온이는 마음이 찡해졌어요.

"이분들이 다 나의 조상님들이라는 거지? 나라를 위해 이렇게나 애쓰셨다니."

가온이의 눈에는 눈물이 그렁그렁 맺혔지요.

온 국민이 하나가 된 날

삼일절의 의미

  삼일절은 1919년에 일어난 삼일 운동(3·1 운동)을 기념하는 날이에요. 삼일 운동이 무엇이냐고요?

  우리나라는 1910년부터 1945년까지 일본의 식민지였어요. 삼일 운동은 1919년 3월 1일에 전국에서 일어난 독립 만세 운동이지요. 일본으로부터 나라를 되찾으려는 우리 민족의 단결된 모습을 보여 주는 사건이었답니다.

  1910년 일본에 나라를 빼앗긴 뒤로 우리 민족은 나라 안팎에서 끊임없이 독립운동을 펼쳤어요. 그러다 이날 학생, 청년, 노인 너나 할 것 없이 온 민족이 힘을 합쳐 독립 만세를 부르며 평화적 시위를 한 것이에요.

  우리 정부는 1949년에 삼일절을 국경일로 정하여 우리 민족의 자주독립 정신을 지금까지 기념해 오고 있어요. 해마다 3월 1일이 되

일본에 나라를 빼앗겼던 35년
일본은 1910년부터 1945년까지 35년 동안 우리나라를 강제로 점령하였어요. 이 기간을 '일제 강점기'라고 하지요. 일제 강점기 동안 일본은 우리 민족을 무참히 죽이고 고문하고, 우리말과 글을 사용하지 못하게 했으며, 자원을 빼앗는 등 수많은 악행을 저질렀어요.

면 나라를 위해 돌아가신 분들을 위해 묵념*을 하고, 삼일절을 기념하는 각종 행사들을 열고 있지요.

★ **묵념** 죽은 사람이 편안히 잠들기를 마음속으로 빎

삼일 운동을 일으키기까지

치욕적인 을사조약

　일본은 우리나라를 식민지로 만들기 위해 틈틈이 기회를 엿보았어요. 그러다 1905년 강제로 조약*을 맺었지요. 이때 맺은 조약을 **을사조약**이라고 하는데, 조약의 내용은 우리나라의 외교권을 일본에 넘긴다는 것이었어요. 외교권이란 '주권을 가진 국가로서 다른 나라들과 외교를 할 수 있는 권리'예요. 그런데 일본에 외교권을 줘 버리면 우리나라는 다른 나라들과 직접 외교를 할 수가 없어진다는 말이었지요. 이는 일본이 우리나라를 식민지로 만들려는 첫 움직임이었답니다. 강제로 맺었기 때문에 '을사늑약'이라고도 하지요. 늑약은 협박을 통해 맺은 조약이라는 뜻이에요.

　물론 당시 우리나라의 고종 황제는 이 조약에 반대했어요. 하지만 일본의 정치가였던 이토 히로부미가 군대와 경찰을 몰고 와서 강제로 조약을 맺었어요.

　이때 조약 체결에 반대하는 한규설 같은 신하들도 있었지만, 이토 히로부미의 협박과 강요에 결국 마음을 바꾸거나 찬성을 하는 신하도 있었어요. 그중 조약 체결에 찬성한 박제순, 이지용, 이근택, 이완용, 권중현을 '을사오적'이라고 불러요. 조국을 일본에 팔아먹은 다섯 명의 적이라는 뜻이지요.

★ **조약** 문서에 의한 국가 간의 합의

일제 강점기의 시작, 한일 병합 조약

　을사조약을 맺은 뒤 일본은 우리나라를 완전히 식민지로 만들기 위하여, 1910년에는 **한일 병합 조약**을 맺었어요.

　물론 이 역시 강제로 맺은 조약으로서, 한일 병합 조약의 내용은 대한 제국의 모든 통치권*을 영원히 일본에 넘겨준다는 것이었지요. 이 뜻은 우리나라를 완전히 일본에 맡긴다는 것이에요.

　이렇게 우리나라를 강제로 점령한 일본은 우리 민족을 억압하고 경제적으로 약탈*하고 독립운동가들을 학살*하는 등 몹시 괴롭혔어요.

　그럴수록 우리 민족의 독립을 향한 의지와 일본에 저항하는 마음은 점점 더 커졌어요. 그래서 더욱더 조직적으로 독립운동을 꾸준히 펼쳤지요. 나라 곳곳에서는 의병이 일어나 싸우기도 했답니다.

★ **통치권** 국민과 국토를 다스리는, 국가의 최고 지배권
★ **약탈** 폭력을 써서 남의 것을 억지로 빼앗음
★ **학살** 끔찍하게 마구 죽임

의병이란?
외적의 침입을 물리치기 위하여 백성이 나라의 명령을 기다리지 않고 스스로 군대를 조직하여 싸우는 것을 뜻해요. 정식 군대는 아니지만 누구보다 씩씩하고 용감했지요. 일제 강점기에 대표적인 의병은 양반 최익현, 농민 신돌석, 여성 윤희순 등이 있지요.

나라 잃은 슬픔이 폭발하다

　삼일 운동은 어느 날 갑자기 일어난 것이 아니에요. 우리 민족은 오랫동안 신중하게 삼일 운동을 준비해 오고 있었답니다. 그런데 마침 일본 도쿄에서 유학생*들이 먼저 독립 선언과 만세 운동을 했다는 소식이 들려왔어요. 그 소식을 듣고 '이때다!' 하여 국내에서도 기독교, 불교, 천도교의 여러 종교인들로 이루어진 민족 대표 33인이 대대적인 만세 운동을 실천에 옮기려고 하였지요.

★ **유학생** 외국에 머물면서 공부하는 학생

3월 1일로 정한 이유?

1919년, 고종이 갑작스럽게 죽자 백성들은 일본인에게 독살당하였다는 소문을 믿고 울분을 터뜨렸어요. 백성들은 고종의 장례식인 3월 3일을 앞두고 전국에서 모여들었지요. 삼일 운동을 준비하던 이들은 백성들이 많이 모였을 때 만세 운동을 하는 것이 좋겠다고 판단하여 장례식 이틀 전인 3월 1일로 만세 운동 날짜를 정했던 거예요.

들불처럼 번진 삼일 운동

온 나라에 울려 퍼진 함성, 대한 독립 만세!

　1919년 3월 1일 아침, 서울 거리와 집집마다 독립 선언서가 뿌려졌어요. 도시 전체가 술렁이기 시작했지요. 그리고 서울 종로 탑골 공원에 수많은 사람들이 몰려들었어요. 바로 이 공원에서 독립 선언서가 낭독될 예정이었거든요.
　그런데 민족 대표들이 갑자기 장소를 서울 인사동의 음식점인 태화관으로 바꾸었어요. 그러고는 거기서 먼저 독립 선언서를 낭독한 뒤, 경찰에 바로 잡혀갔지요.
　민족 대표들은 수많은 백성들이 함께 모여 외치고 싸우면 여러 사람들이 다치게 될까 봐 태화관으로 장소를 옮긴 것이라고 해요.
　한편 탑골 공원에서 민족 대표들을 눈이 빠지게 기다리고 있던 학생들은 그 소식을 듣고 결국 따로 독립 선언서를 낭독하였어요. 그러고는 만세를 부르며 거리 행진을 벌였지요.
　서울은 만세를 부르는 사람들의 물결로 가득 찼고, 그 뒤로도 제주도까지 전국은 오랫동안 만세 소리로 뒤덮였어요. 우리 민족은 남녀노소 할 것 없이 하나가 되어 놀라운 힘을 발휘했던 거예요.

1년 동안 계속되다

이렇게 번져 나간 만세 운동은 외국에 나가 있는 독립운동가들에게도 큰 힘을 실어 주었어요.

삼일 운동은 하루 만에 끝나지 않았어요. 무려 1년이 넘도록 전국 방방곡곡에서 이어졌지요. 그만큼 독립을 향한 우리 민족의 간절함이 컸기 때문이에요.

하지만 만세 운동이 길어질수록 일본의 탄압도 매우 심해져서 다치거나 목숨을 잃는 사람이 정말 많았어요. 만세 운동을 하다가 체포당해서 고문을 받는 일도 많았고요.

독립을 위하여 이렇게 수많은 사람들이 희생하였다는 사실, 절대 잊어서는 안 될 거예요.

삼일 독립 선언 유적지

서울 종로구 인사동에는 독립 선언서 낭독을 기념하는 삼일 독립 선언 유적지가 있어요. 이 비석이 세워진 곳이 바로 민족 대표들이 독립 선언서를 낭독한 태화관이 있던 자리지요. 태화관이 있기 전에 이 자리는 매국* 대신들이 회의하는 장소로 쓰였다고 해요. 그래서 이러한 과거를 없애고자, 태화관에서 독립 선언서를 낭독했다는 이야기도 있지요.

★ **매국** 사사로운 이익을 위해 나라의 주권을 남의 나라에 팔아먹음

삼일 운동, 이렇게 달라지다!

　삼일 운동은 3월 1일에 서울과 평양 등 6개 도시에서 동시에 만세 운동을 하기로 미리 계획되었던 거예요. 지금처럼 휴대 전화나 인터넷도 없던 시절인데 일본 경찰의 눈치를 피해 가며 얼마나 힘들게 준비했을까요?

　3월 1일 하루 만으로 끝나지 않은 삼일 운동은 처음과 나중이 많이 달랐어요.

　첫째, 처음에는 도시에서 시작하여 점차 농촌과 외국 등으로 전파되었지요.

　둘째, 중심 역할을 하는 사람들이 처음에는 학생들이었다가 나중에는 상인과 노동자, 농민 등도 함께 주도자가 되어 적극적으로 참여하였어요. 그만큼 조국의 광복에 대한 바람은 신분과 지위의 차이가 없었던 것이지요.

　셋째, 처음에는 비폭력으로 시위하다가 점차 무기를 지니고 싸우는 폭력 투쟁으로 모습이 바뀌었어요. 저항할수록 탄압이 심해지고, 그러면 또 더 강하게 저항할 수밖에 없었기 때문이겠지요.

인물 돋보기 유관순
(1902~1920)

　누구보다 적극적으로 삼일 운동을 펼친 용감한 소녀가 있었어요. 바로 유관순 열사*예요.

　유관순은 1902년에 천안에서 태어났고, 열네 살에 서울 이화 학당에 입학했어요.

　전국적으로 삼일 운동이 일어나자 유관순은 가만히 있을 수 없었어요. 그래서 김복순, 국현숙 등의 학생들과 함께 '5인 결사대*'를 조직하여 만세 운동에 직접 뛰어들었어요. 이때 일본 경찰에 잡혔지만 곧 풀려났지요.

　그래도 유관순은 계속해서 시위에 참석하였어요. 학생들의 시위가 심해지자, 일본은 3월 10일 휴교령을 내려 학교 문을 닫았어요. 유관순은 고향으로 돌아갔지요. 그리고 고향 마을에서 독립 만세 운동을 펼쳤어요. 그러다 유관순은 일본 경찰에 잡혀 감옥에 갇히게 되었지요. 하지만 유관순은 감옥에 갇혀서도 만세 운동을 멈추지 않았답니다.

　일본 경찰의 잔인한 고문을 받던 유관순은 1920년 9월 28일, 감옥에서 열아홉이라는 꽃다운 나이로 그만 세상을 떠나고 말았어요.

★ **열사** 나라를 위하여 충성을 다해 싸운 사람
★ **결사대** 죽기를 각오하고 있는 힘을 다할 것을 결심한 사람으로 이루어진 부대나 무리

삼일 운동 그 이후

우리 민족은 삼일 운동을 통해 직접 밖에 나가 만세를 외치고, 몸으로 겪으면서 독립에 대한 의지를 더 강하게 다졌어요. 독립 국가를 세울 수 있는 힘이 스스로에게 있다는 걸 깨달았으니까요.

결국 삼일 운동은 독립운동의 역사를 한층 더 발전시켜 놓았다고 할 수 있어요. 삼일 운동 이후 어떤 변화가 생겼는지 볼까요?

대한민국 임시 정부 수립

삼일 운동이 원동력이 되어 1919년 4월 11일에는 해외에서 활동하던 독립운동가들이 중국 상하이에 **대한민국 임시 정부**를 세웠어요.

조국의 독립과 광복을 위해서는 좀 더 체계적인 준비가 필요하다고 생각했기 때문이에요. 임시 정부는 그 뒤로 국내외 독립운동의 중심 기관 역할을 하였지요.

또한 임시 정부에서는 우리나라 이름을 '대한민국'이라고 짓고 대한민국을 대표해 세계에 독립 의지를 알리는 등 여러 활동을 하였지요.

비록 외국에 세운 임시 정부이지만 일본으로부터 독립하고 근대적인 나라의 기틀을 세우기 위하여 준비했다는 점, 많은 독립운동가들에게 정신적인 의지가 되었다는 점에서 매우 큰 의의를 가지고 있답니다.

독립군의 활약

삼일 운동은 만주와 연해주 지역 독립군 단체들의 항일 무장* 투쟁을 자극하는 계기가 되었어요. 1919년 이후, 특히 1920년대 초에는 독립군이 매우 큰 활약을 했지요.

그 이전에 국내에서 독립을 위해 활동했던 의병들이 해외에 나가 좀 더 규모가 큰 군대를 만들어 활약했던 것이 바로 독립군이랍니다. 독립군은 주로 만주, 시베리아, 연해주 등에서 일본군과 싸웠어요.

독립군은 하나의 군대가 아니라 각각 여러 개의 부대로 나누어져 있었어요. 이끄는 사람도 각기 달랐지요.

★ **무장** 전투에 필요한 장비를 갖춤. 또는 그 장비

대표적인 독립군으로는 김좌진의 북로 군정서, 홍범도의 대한 독립군 등이 있지요.

일본군은 해외에서 활약하는 독립군들을 모조리 없애려고 하였어요. 하지만 독립군 역시 무기를 잘 갖추어 강력하고 독립 의지가 불타오르는 군대였기 때문에 쉽게 무너지지 않았지요.

홍범도의 대한 독립군은 만주의 봉오동에서 일본군과 싸워 크게 승리하였어요. 이것을 봉오동 전투라고 하지요.

또 김좌진의 북로 군정서는 만주 청산리에서 일본군과 싸워 이겼답니다. 이를 청산리 대첩이라고 불러요.

김좌진(1889~1930)

충청남도 홍성의 명문 양반 집안에서 태어났어요. 국내에서 독립운동을 하다가 감옥에 갇히고 풀려나기를 반복하였지요. 그러다 만주로 가서 무장 독립군을 이끄는 총사령관이 되었고, 일본군에 맞서 청산리 대첩을 승리로 이끄는 데 큰 역할을 하였어요.

 빼앗긴 나라를 되찾자! 삼일절

삼일절이란?

- 일본에 나라를 빼앗긴 우리 민족이 1919년 3월 1일, 나라를 되찾기 위해 독립 만세 운동을 한 것을 기념한 날
- 1949년부터 삼일절을 국경일로 정하여 우리 민족의 자주독립 정신을 기념해 오고 있음

삼일 운동의 배경

- 1905년 을사조약으로 우리나라의 외교권을 일본에 빼앗김
- 1910년 한일 병합 조약으로 우리나라의 통치권을 일본에 빼앗김
- 일본이 우리 민족을 억압하고 경제적으로 약탈하자, 우리 민족의 독립 의지가 커짐
- 일본 유학생이 도쿄에서 독립 선언과 만세 운동을 했다는 소식을 듣고 민족 대표 33인이 중심이 되어 대대적인 만세 운동을 계획함

삼일 운동의 과정

- 1919년 3월 1일 민족대표 33인이 태화관에서 독립 선언서를 낭독함
- 국민들은 탑골 공원에서 독립 선언서를 낭독하고 만세를 부르며 거리 행진을 함
- 삼일 운동은 1년이 넘도록 전국 방방곡곡에서 이어짐

삼일 운동의 변화

- 처음에는 도시에서 시작해 점차 농촌과 외국으로 퍼짐
- 학생이 주도하다가 점차 노동자, 농민도 같이 중심이 되어 만세 운동을 함
- 비폭력 시위에서 무기를 지니고 싸우는 폭력 투쟁으로 바뀜

삼일 운동 이후

- 중국 상하이에 대한민국 임시 정부가 세워짐
- 만주와 연해주 지역 독립군 단체들의 항일 무장 투쟁을 자극하는 계기가 됨

삼일 운동 인물

- 유관순 : 이화 학당 학생으로서, 일본의 모진 고문에도 굴하지 않고 삼일 운동을 펼침

삼일 운동과 관련된 사건과 사람들

삼일 운동과 관련된 사건과 인물을 한번 살펴볼까요?

2.8 독립선언

1919년 2월 8일, 일본에 유학 가 있던 학생들 400여 명이 조선기독청년회관에 모여 독립 선언서를 낭독하고 독립 만세를 불렀어요. 이 중 40여 명이 일본 경찰에게 잡혀갔지요. 이 독립 선언이 삼일 운동의 계기가 되었다고 할 수 있어요.

민족 대표 33인

전 국민적인 독립운동을 벌이기 위해 기독교, 천도교, 불교의 종교인들이 중심이 되어 만들어진 모임이에요.

구성원은 손병희, 권동진, 오세창, 이승훈, 한용운 등으로 독립 선언서를 만들어 나라 안팎으로 퍼뜨렸어요.

제암리 학살 사건

서울에서 시작된 삼일 운동은 경기도 수원군(지금은 경기도 화성시) 제암리까지 퍼졌어요. 1919년 3월 30일, 장터에서 사람들은 만세 시위를 벌였지요. 날이 저문 다음에도 주변 산 위로 올라가 횃불을 밝히며 시위를 했어요. 그 뒤로도 장날이 되면 장터에 사람들이 모여 만세 시위를 했어요. 일본 경찰이 진압했지만 별 소용이 없었지요.

일본은 이렇게 시위 운동이 벌어지는 것이 기독교와 천도교 조직이 있기 때문이라고 생각하였어요. 그래서 마을의 기독교인과 천도교인들을 교회로 불러 모았어요. 아무 영문도 모르는 삼십여 명의 사람들은 교회로 모였지요.

제암리에 있는 삼일 운동 순국탑

그 뒤 일본 경찰은 교회 문을 잠근 채 불을 질렀어요. 교회에서 간신히 탈출한 사람들에게는 마구 총을 쏘았지요. 결국 수십 명이 목숨을 잃고 말았어요. 이런 일들이 제암리뿐만 아니라 전국 곳곳에서 일어났다고 해요.

3 최초의 헌법을 만들다, 제헌절

킹콩 마트에서 무슨 일이?!

토요일 오후, 가온이는 엄마랑 킹콩 마트에 갔어요. 그런데 킹콩 마트 앞에 사람들이 잔뜩 모여 있는 게 아니겠어요?

"어! 저 사람들 지금 시위하나 봐."

"왜요?"

엄마는 사람들이 들고 서 있는 팻말을 하나하나 읽었어요.

"대형 마트가 생기고, 사람들이 대형 마트에 몰리자 작은 슈퍼마켓 상인들이 피해를 입었어. 그래서 나라에서 대형 마트를 정기적으로 쉬도록 하는 법을 만들었지. 그런데 대형 마트에 물건을 대는 농민들과 장사꾼들이 못 살겠다고 그러는 거구나."

"왜 못 살아요?"

가온이가 두 눈을 동그랗게 뜨고 물었어요.

"마트가 쉬는 날에는 장사를 못 하니까 그렇지! 생존권을 빼앗겼다고 생각한 거야."

"생존권이 뭔데요?"

"인간이 삶을 누릴 권리야. 저 사람들 입장에서는 돈을 벌어야 먹고사는데 대형 마트 휴일 때문에 돈 벌기가 어려워졌다는 거지."

"아, 그렇구나."

가온이는 시위하는 사람들을 쳐다보았어요.

"엄마, 그런데 저기 팻말 중에 헌법 소원이라고 적힌 건 뭐예요?"

"사람들이 헌법을 고쳐 달라고 헌법 재판소에 도움을 청하는 거야."

"헌법? 헌법 재판소? 그건 뭐예요?"

가온이의 질문이 쉴 새 없이 쏟아지자 결국 엄마는 짜증을 냈어요.

"그것도 몰라? 우리나라 최고의 법이잖아. 제헌절이랑도 관련 있고."

"제헌절이요? 그게 헌법이랑 관련이 있나?"

가온이는 머리를 긁적였어요.

'아! 제헌절이라면 국경일이잖아?'

그때 가온이 머릿속에 타임 내비게이션이 스쳐 지나갔지요.

"참, 엄마! 저 집에 놓고 온 게 생각났어요! 금방 다녀올게요. 먼저 장 보고 계세요!"

"어이구! 알았어. 빨리 갔다 와."

　가온이는 엄마가 마트에 들어간 사이 가방에서 얼른 타임 내비게이션을 꺼냈어요. 그러고는 제헌절인 '7월 17일' 아이콘을 살짝 눌렀지요.
　정신을 차려 보니, 가온이는 혼자 어떤 건물 안 복도에 서 있었어요. 박물관처럼 생긴 건물 안은 조용했지만 왠지 모를 긴장감이 돌고 있었지요.
　복도를 따라 걷다 보니 몇 개의 문이 있었는데 그중 하나의 문이 활짝 열려 있었어요. 가까이 다가가자 사람들 소리가 더 크게 들려왔지요.
　가온이는 살금살금 다가가 방 안을 엿보았어요. 그곳은 매우 넓은 회의실이었는데 사람들이 엄청 많이 모여 있었어요.
　그때 머리가 희끗한 할아버지가 맨 앞에서 어떤 종이에 서명을 하더니 마이크에 대고 이렇게 말했어요.
　"오늘 이 자리에서 나 이승만은 국회 의장* 자격으로 헌법에 서명하고, 이 헌법이 우리 대한민국의 완전한 국법임을 세계에 선포합니다."
　그러자 모여 있던 사람들이 모두 박수를 쳤어요.
　좀 더 둘러보니 회의실 벽에는 시계도 있고, 달력도 보였어요. 그런데 달력은 1948년 7월 달력이었어요.
　"1948년? 저 할아버지는 누구지?"
　가온이가 조용히 말했는데도 동글이는 금세 알아차리고 대답했어요.
　[삐릭. 우리나라 첫 번째 대통령, 이승만 대통령입니다.]

가온이는 가슴이 콩닥콩닥 뛰었어요. 딸꾹질이 저절로 나왔지요.

"이승만 대통령이 여기서 뭘 하고 있는 거야?"

[대한민국 최초의 헌법을 공포*하고 있는 것입니다. 제헌절이 바로 이날을 기념하는 날이지요.]

"오, 그렇구나!"

가온이는 눈을 빛내며 주변을 둘러보았어요. 잘은 모르지만, 엄숙한 분위기와 사람들의 상기된 얼굴을 보니 매우 중요한 날임에 틀림없어 보였지요.

"그런데 동글아. 사실 나 헌법이 뭔지 잘 몰라. 제헌절도 잘 모르고. 자세히 설명해 줄 수 있어?"

그때였어요.

"거기…… 누구냐?"

어떤 아저씨가 눈을 부릅뜨고 가온이를 보며 문 쪽으로 걸어오는 것이었어요. 놀란 가온이는 얼른 뒤돌아 뛰기 시작했지요.

[삐릭. 가온 님. 제가 곧 정리하여 메시지로 보내겠습니다. 얼른 돌아가세요!]

"응! 알았어!"

복도 끝 모퉁이를 도니 작은 문이 하나 보였지요. 가온이는 얼른 타임 내비게이션의 〈돌아가기〉 버튼을 힘껏 눌렀어요.

★ **국회 의장** 국회를 대표하는 국회 의원
★ **공포** 이미 확정된 법률, 조약, 명령 따위를 일반 국민에게 널리 알리는 일

대한민국 헌법이 태어난 날

제헌절의 의미

　우리나라는 일본의 지배를 받다가 1945년 8월 15일 광복을 맞았어요. 그런데 광복을 맞은 뒤에도 미국과 소련의 간섭을 받았어요. 다른 나라의 간섭을 받지 않고 우리의 힘으로 나라를 세우기 위해서는 먼저 정부가 필요했지요.

　정부를 만들기 위해서는 나라를 다스리는 최고 통치자와 나랏일을 나누어 맡아 줄 일꾼들이 필요했고, 무엇보다도 이 모든 것의 기본이 될 헌법이 절실히 필요했지요.

　헌법은 나라의 바탕이 되는 법이자, 국민의 기본 권리를 보장하는 법이랍니다.

　1948년 7월 17일, 당시 이승만 초대 국회 의장은 전 세계에 우리 헌법을 알리는 선언서를 낭독했어요.

　이날 이렇게 대한민국 최초의 헌법을 공포한 것을 기념하는 국경일이 바로 제헌절(制지을 제憲법 헌節기념일 절)이에요. 매년 7월 17일이지요.

그런데 제헌절은 유일하게 공휴일이 아닌 국경일이랍니다. 2007년까지 제헌절은 공휴일이었으나 2008년부터 다시 공휴일에서 제외되었지요. 앞에서도 말했듯이, 우리나라가 2004년 이후 주5일 근무제를 시행하면서 휴일이 너무 많아 경제 생산성이 떨어진다는 이유로 제헌절을 공휴일에서 제외시키게 된 거예요.

이승만(1875~1965)
우리나라 첫 번째 국회 의장이자 최초의 대통령이에요. 일제 강점기에 독립운동을 펼치던 독립운동가였지요. 초대 국회 의장으로서 헌법 제정에 큰 역할을 하였고, 1948년 우리나라 최초의 대통령이 되었지요. 대통령이 된 뒤에는 새로운 나라의 기틀을 잡기 위해 노력했지만, 독재* 정치를 하였어요. 결국 국민들에 의해 대통령 자리에서 물러나게 되었지요.

★ **독재** 특정한 개인, 단체, 계급 따위가 어떤 분야에서 모든 권력을 차지하여 모든 일을 혼자서 처리함

제헌 국회와 헌법

대한민국 최초의 국회

앞서 말했듯이, 해방이 된 뒤 나라를 세우기 위해서는 법이 필요했어요. 그런데 법은 아무나 만들 수 있는 게 아니라 국회에서 만들어야 해요.

그래서 헌법을 만들기 위해 먼저 국회를 만들게 되었는데, 이게 바로 **제헌 국회**랍니다.

제헌 국회는 우리나라가 1948년 5월 10일, 남한에서만 선거를 해서 뽑은 198명의 국회 의원들로 구성된 최초의 국회예요.

왜 남한에서만 선거가 치러졌냐고요? 해방 직후인 1945년 우리나라는 미국과 소련(지금의 러시아)에 의하여 한반도 중앙에 38선이 그어지고, 이를 기준으로 남쪽(남한)에는 미군이, 북쪽(북한)에는 소련군이 머무르며 남북이 대립하였어요. 원래는 같이 선거를 하기로 하였으나, 북한의 거절로 남한에서만 먼저 선거를 실시하게 되었지요.

제헌 국회는 이승만을 국회 의장으로 선출하고, 헌법의 기초가 되는 초안을 만드는 작업을 시작했어요.

법학자였던 유진오 박사는 대한민국 헌법 초안을 만드는 데 참여하며 이렇게 주장했어요.

"국회 의원이 중심이 되는 정부를 만듭시다. 헌법도 이에 따라 만

들겠습니다."

그런데 당시 국회 의장이었던 이승만이 강력하게 반대했어요.

"아닙니다. 대통령을 나라 최고 책임자로 하는 정부를 만듭시다."

그 뒤로 수정안이 여러 번 나오고, 수많은 토론 끝에 결국은 두 가지 정부가 혼합된 형태의 헌법이 만들어졌어요. 그리고 1948년 7월 17일 국회 의장 이승만이 대한민국 헌법을 국민에게 알렸지요.

법 중의 법, 헌법

법은 왜 필요한 걸까?

　우리는 혼자서 살 수 없어요. 그런데 다른 사람들과 더불어 살아가다 보면 여러 가지 문제가 생길 수 있지요. 개인의 욕심을 내세우다가 질서가 흐트러지기도 하고, 사람들 간에 다툼이 생기기도 하고요.

　이럴 때 바로 법이 필요해요. 법은 국가가 만든 강제력이 있는 규범으로, 살아가면서 꼭 지켜야 하는 것이지요. 사회 질서를 유지하고, 개인의 자유와 권리를 지키며, 다툼이 있을 때 공정한 심판을 하기 위해서 법이 있어야만 한답니다.

　법에는 여러 종류가 있는데, 그중에서도 헌법은 우리나라 으뜸 법으로 가장 중요한 법이지요.

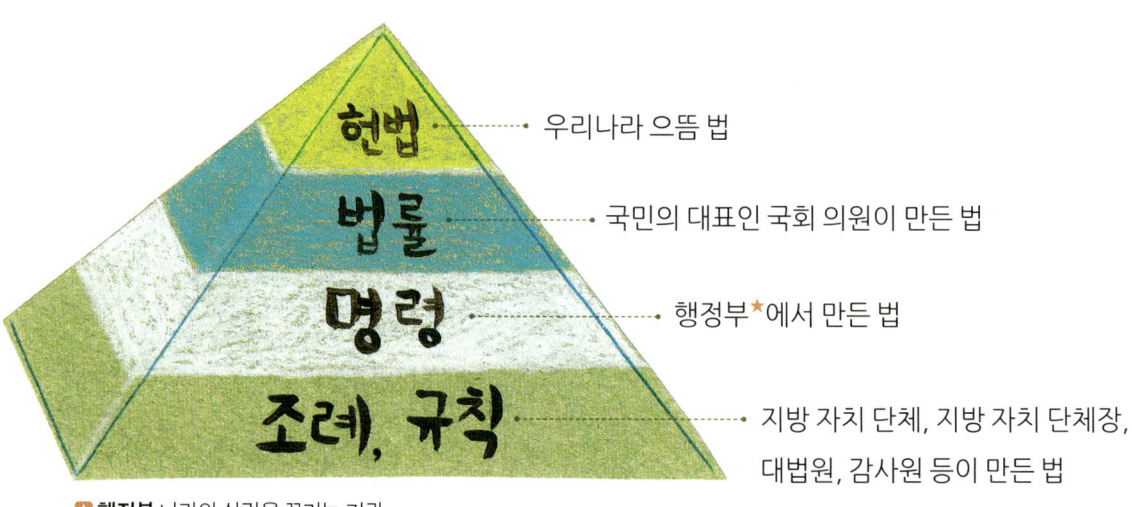

- 헌법 ····· 우리나라 으뜸 법
- 법률 ····· 국민의 대표인 국회 의원이 만든 법
- 명령 ····· 행정부*에서 만든 법
- 조례, 규칙 ····· 지방 자치 단체, 지방 자치 단체장, 대법원, 감사원 등이 만든 법

★ **행정부** 나라의 살림을 꾸리는 기관

헌법에 담겨 있는 내용

대한민국 헌법에는 '대한민국은 민주 공화국이다. 대한민국의 주권은 국민에게 있고, 모든 권력은 국민으로부터 나온다.'라고 적혀 있어요. 여기서 말하는 주권과 권력은, 국민 개개인이 정치를 직접 한다는 의미는 아니에요. 하지만 최종적 결정권을 가진 것이 국민이며, 선거와 투표 등을 통해 정치에 참여한다는 의미지요.

또한 대한민국 헌법에는 헌법이 보장하는 국민의 기본 권리인 '기본권'에 대해 나와 있어요.

헌법이 보장하는 기본권
- **자유권**: 국가 권력에 의해 자유를 제한받지 않는 권리
- **참정권**: 국민으로서 정치 활동에 참여할 수 있는 권리
- **평등권**: 모든 국민이 법 앞에 평등한 권리
- **사회권(생존권)**: 국민이 인간다운 생활을 할 수 있도록 국가에 요구할 수 있는 권리
- **청구권**: 기본권을 보장받기 위하여 국민이 국가에 대하여 특정한 행위를 요구하거나, 국가의 보호를 요구하는 권리

정의를 위한 헌법 재판소

헌법 재판소란?

만약 국회가 만든 여러 법 가운데 헌법에 위반된 것이 있다면 어떻게 해야 할까요? 맞아요, 그 법을 바꿔야 하겠지요.

여러 가지 법들이 헌법에 어긋나는지 심사하고 판단하는 곳을 **헌법 재판소**라고 해요. 헌법 재판소는 대통령과 국회, 대법원장(대법원의 최고 직위)이 뽑은 아홉 명의 재판관으로 구성되어 있어요.

헌법 재판소에서는 주로 어떠한 법률이 헌법에 맞는지를 판단하여 만약 그 법이 헌법에 맞지 않다면 고치거나 없애요. 아홉 명의 재판관 중 여섯 명 이상이 '헌법에 어긋난다.'라고 결정하면 그 법은 곧바로 힘을 잃게 되지요. 또 같은 법을 두고 서로 입장이 달라 국가 기관들 사이에 다툼이 생긴다면, 그 법이 올바른지 다시 판단하기도 하지요.

헌법 소원

헌법 정신에 맞지 않는 법률 때문에 기본권을 침해받았다고 생각하는 사람이 직접 헌법 재판소에 도움을 청해서 잘못을 고쳐 달라고 하는 것을 말해요. 한 예로, 예전에는 군대를 다녀온 남자들에게 공무원 시험 등을 볼 때 가산점*을 주는 제도가 있었어요. 그러나 이것이 불평등하다고 생각한 사람들이 헌법 소원을 청구했고, 결국 2001년에 군 가산점 제도는 폐지되었지요.

★ **가산점** 어떤 것에 대한 대가로 더 주는 점수

법률이 헌법에
맞는지 판단

국가기관들
사이의 다툼해결

헌법 소원

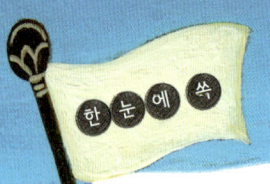

 최초의 헌법을 만들다, 제헌절

제헌절이란?

- 1948년 7월 17일 대한민국 최초의 헌법을 공포한 것을 기념하는 국경일
- 유일하게 공휴일이 아닌 국경일

제헌 국회와 헌법

- **제헌 국회** : 1948년 5월 10일, 남한에서만 선거를 해서 뽑은 198명의 국회 의원들로 구성된 최초의 국회
- 제헌 국회는 이승만을 국회 의장으로 선출하고, 헌법의 초안을 만드는 작업을 함
- 1948년 7월 17일 이승만이 대한민국 헌법을 국민에게 공포함

헌법

- 우리나라 으뜸 법으로 가장 중요한 법
- 헌법에는 '대한민국은 민주 공화국이며, 대한민국 주권은 국민에게 있고 모든 권력은 국민에게서 나온다'라고 적혀 있음
- 국민의 기본권(자유권, 참정권, 평등권, 사회권, 청구권)에 대해서도 나와 있음

헌법 재판소

- 여러 가지 법들이 헌법에 어긋나는지 심사하고 판단하는 곳
- 대통령과 국회, 대법원장이 뽑은 아홉 명의 재판관으로 구성되어 있음
- 아홉 명 재판관 중 여섯 명 이상이 '헌법에 어긋난다.'라고 결정하면 그 법은 바로 힘을 잃게 됨

헌법 소원

- 헌법 정신에 맞지 않는 법률 때문에 기본권을 침해받았다고 생각하는 사람이 직접 헌법 재판소에 도움을 청해서 잘못을 고쳐 달라고 하는 것

대한민국의 법이 만들어지는 곳, 국회 의사당

국민들의 대표가 모인 곳

국회 의사당은 어떤 곳일까요? 국회는 '국민들의 대표', 의사당은 '회의하는 곳'이라는 뜻이에요. 국회 의사당은 즉, 국민들의 대표인 국회 의원들이 모여서 회의도 하고 토론도 하는 곳이에요.

국회 의원들은 이곳에 모여 우리나라 법을 만드는 입법 활동을 하고, 한 해 동안의 나라 예산을 검토하고 정하는 등 여러 가지 정치 활동을 하지요.

처음에는 서울 세종로 중앙청 중앙홀이 국회 의사당으로 사용되었어요. 그러다가 1975년에 여의도에 국회 의사당이 만들어졌고 오늘날까지 이르고 있지요.

국회 의사당에 가 보자!

국회 의사당을 직접 견학할 수 있다는 사실, 아나요? 국회 의사당에 가면 국회의 역사와 역대 대통령들을 한눈에 훑어볼 수 있음은 물론, 국회가 어떤 활동을 어떻게 하는지도 설명 들을 수 있어요.

웅장한 회의장을 배경으로 사진도 찍고, 전기 자동차를 타고 이동하며 헌정 기념관을 둘러볼 수 있지요.

헌정 기념관은 국회의 역사와 기능 및 권한에 관련된 자료들을 보여 주는 전시관이에요. 옛날 국회 의사당의 모습을 살펴보고, 어린이 체험실에서 직접 국회 의원이 된 것처럼 모형 국회 단상에 서 볼 수도 있지요.

④ 나라의 빛을 되찾다, 광복절

광복의 현장 속으로

학교를 다녀온 뒤 가온이는 엄마와 함께 만두를 빚었어요. 엄마랑 만두를 자주 빚어 봐서 이젠 제법 예쁘게 빚을 수 있지요.

'꼬르르륵.'

가온이 배 속에서 소리가 났어요.

"엄마, 우리 빨리 만두 쪄서 먹어요. 네?"

"가만, 내 정신 좀 봐. 잠깐만! 엄마가 라디오 방송국에 사연을 하나 보냈거든. 사연이 뽑히면 선물도 준대. 곧 시작할 시간이야."

그때 라디오 DJ의 목소리가 들렸어요.

[곧 광복절이 다가오지요? 그래서 지난 일주일 동안 '광복절'에 관한 주제로 사연을 접수받았습니다. 잠시 뒤, 당첨자를 공개하겠습니다!]

"광복절? 엄마는 무슨 이야기 썼어요?"

"엄마 할머니, 그니까 가온이 증조할머니께 들었던 이야기를 썼지. 쉿, 조용히 해 봐."

가온이도 귀를 기울였어요.

하지만 온갖 광고만 잔뜩 흘러나왔지요. 광고가 끝나자 또 노래가 나오기 시작했어요.

'광복절이라……. 광복의 그날도 삼일절, 제헌절처럼 많은 일들이 일어났겠지? 정말 그때 8월 15일은 어땠을까? 증조할머니께 어떤 일이 일어났을까? 참! 나한테는 타임 내비게이션이 있지!'

"아이, 지루해. 엄마, 전 방에 잠깐 있을게요! 만두 찌면 부르세요."

가온이는 대충 둘러대고 얼른 방으로 들어갔어요. 그리고 떨리는 손으로 타임 내비게이션을 꺼냈지요. 그다음 '8월 15일' 아이콘을 꾹 눌렀답니다.

잠시 뒤, 가온이는 시내 한복판에 서 있었어요. 상가들이 즐비하게 늘어선 거리였어요. 박물관에서 보던 옛날 모습의 서울 풍경 같아 보였어요.

한참을 두리번거리던 가온이는 가까운 가게 안으로 들어갔어요. 그곳은 방앗간이었어요.

"어서 오세요!"

반기며 인사하던 가게 주인이 가온이를 보더니 멈칫했어요. 가온이가 입고 있는 옷이 이상하게 보였나 봐요.

"처음 보는 아이구나. 어디 사니?"

가게 주인 말에 가온이는 어떻게 대답해야 할지 몰라 우물쭈물하고 있었지요.

그때였어요. 라디오에서 정오를 알렸어요. 그리고 어떤 목소리가 흘러나왔어요. 무슨 말인지 전혀 알아들을 수가 없었어요.

"도대체 뭐라고 하는 거야? 누구지?"

[삐릭. 일본 천황 히로히토입니다.]

동글이가 대답해 주었어요.

"정말?"

그때 숨죽이고 라디오를 듣던 빼빼 마르고 안경을 쓴 남자가, 갑자기 눈에 그렁그렁 눈물이 고이더니 벌떡 일어났어요. 그러고는 양손을 번쩍 들어 올리며 소리쳤어요.

"만세! 해방 만세! 일본이 연합군에게 무조건 항복하겠다고 합니다! 우리는 이제 일본으로부터 해방입니다!"

그 사람 말이 끝나자, 방앗간 안의 사람 모두 서로 부둥켜안고 기쁨의 눈물을 흘렸어요.

옆에 있는 아주머니가 가온이를 덥석 안았어요. 가온이는 답답했지만 기분이 좋았지요.

"대한 독립 만세!"

사람들은 실감이 잘 나지 않는 듯 작은 소리로 만세를 불렀어요. 가게 밖에서도 몇몇 사람들의 외침이 들려오기 시작했어요.

만세를 부르며 기뻐하는 사람들을 보자, 가온이는 벅차오르는 감동에 가슴이 콩닥콩닥 뛰었지요.

잃어버린 나라를 되찾은 날

광복절의 의미

　1945년 8월 15일, 35년 만에 우리나라는 빼앗긴 나라를 되찾았어요. 광복절은 이날 우리나라가 일본으로부터 해방된 것을 기념하고, 1948년 8월 15일 대한민국 정부가 수립된 것을 기념하는 날이에요. 매년 8월 15일이지요.

　광복(光 빛날 광 復 회복하다 복)은 '빛을 되찾다.'라는 뜻으로 잃어버린 국권을 회복했다는 의미랍니다. 해마다 광복절에는 전국 곳곳에서 기념행사가 열려요.

광복절 행사 이모저모

↑ 광복절에 종로의 보신각 종을 울리는 모습

↑ 광복절을 맞아 독립 만세를 부르는 사람들

← 광복절에 독립 기념관에서 애국가 가사를 붓글씨로 쓰는 행사를 하고 있다.

광복이 되기까지

제2차 세계 대전과 우리나라의 독립

　우리나라가 광복을 맞이하게 된 배경은 제2차 세계 대전(1939~1945년)과 관련이 깊어요. **제2차 세계 대전**은 유럽, 아시아, 북아프리카, 태평양 등지에서 독일·이탈리아·일본 등이 이룬 추축국과 이에 맞선 프랑스·미국·영국 등이 이룬 연합국 간에 일어난 전쟁이었어요.

　1941년 12월 7일, 일본 군대가 하와이 진주만에 있던 미국의 태평양 함대 기지를 기습하였어요. 이를 계기로 미국을 중심으로 한 연합군과 일본 사이에 전쟁이 벌어지지요.

　1943년 미국, 영국, 중국의 대표들은 이집트 카이로에 모여 일본과 어떻게 싸울 것인지, 전쟁이 끝나면 어떤 압박을 줄 것인지 의논하여 선언하였어요. 이 선언에서 한국을 일본으로부터 독립시킬 것을 밝혔답니다. 그리고 1945년 독일 포츠담에서 열린 회담에서도 한국의 독립을 약속하는 내용이 확인되었지요.

　전쟁이 연합군에 유리하게 진행되자, 연합군은 일본에 항복을 요구하였어요. 하지만 일본은 이를 무시하였지요. 그러자 미국은 일본 히로시마와 나가사키에 원자 폭탄을 떨어뜨렸어요. 원자 폭탄의 위력에 일본은 결국 항복할 수밖에 없었지요. 이렇게 일본이 무조건 항복하면서 우리나라는 독립이 된 것이랍니다.

멈추지 않았던 독립운동

우리나라의 해방은 제2차 세계 대전에서 일본이 지면서 이루어진 것이지만 우리 민족의 노력이 바탕이 된 것이기도 하지요.

식민지 지배 아래서 우리 민족은 독립운동을 끊임없이 해 왔어요. 이러한 우리나라의 독립 의지가 전 세계에 알려져 해방의 발판을 마련하게 된 것이랍니다.

윤봉길 의거

우리나라의 수많은 독립운동가들이 일본에 대항하며 독립운동에 힘썼어요. 그중 윤봉길 의거*가 대표적이지요.

윤봉길 의거는 1932년 독립운동가 윤봉길이 중국 상하이 훙커우 공원에서 열린 일본 천황 생일 축하 기념식장에서 폭탄을 던진 사건이에요. 이 일로 여러 명의 일본군이 다쳤고, 윤봉길은 체포되어 사형을 당하였어요.

이 의거는 우리의 독립 의지를 전 세계에 보여 주는 놀라운 사건이었어요.

★ **의거** 정의를 위하여 개인이나 집단이 의로운 일을 함

해방 뒤에도 산 넘어 산

우리나라를 대신 다스린다고?

　우리나라가 독립 국가를 세우려 스스로 노력하고 있었음에도, 강대국들은 그걸 인정하려 하지 않았어요. 게다가 미국과 소련은 우리나라를 자신들의 세력으로 끌어들이고 싶어 했어요. 결국 한반도의 북위 38도선을 경계로 하여 소련은 북쪽에, 미국은 남쪽에 들어와 각각 군사 정부를 세웠지요.

　1945년 12월 소련의 수도 모스크바에서 미국, 소련, 영국 세 나라가 회의를 열고 다음과 같은 결정을 내렸어요.

1. 한국인들로 하여금 임시 정부를 세우도록 한다.
2. 임시 정부 수립을 위해 미소 공동 위원회를 연다.
3. 임시 정부를 지원하기 위해 미국, 영국, 소련, 중국 4개국이 최고 5년 이내로 신탁 통치를 실시한다.

우리 민족은 이 결정에 화가 날 수밖에 없었어요. 신탁 통치란 우리나라를 대신 다스리겠다는 뜻이거든요. 결국 여기저기서 신탁 통치 반대 운동이 일어났고, 나라는 더욱 혼란스러워졌어요.

국제 연합의 결정

독립된 나라를 세우는 것은 정말 쉽지 않았어요. 게다가 임시 정부 수립을 돕기로 했던 미소 공동 위원회가 별 성과 없이 끝나자, 미국은 우리나라 문제를 국제 연합(UN)에 맡겼어요. 국제 연합은 다음과 같은 결정을 내렸지요.

"1947년 11월 인구를 기준으로 남북한 주민들이 자유롭게 국회의원 선거(총선거)를 실시하여 통일 정부를 구성한다."

그런데 북한은 이에 반대하였어요. 북한의 인구는 남한에 비해 훨씬 적었기 때문에 투표를 하게 되면 북한에 불리할 거라 생각했기 때문이죠. 결국 북한의 반대로 남한에서만이라도 먼저 선거를 실시하여 정부를 세우자는 의견이 나왔지요.

남북한의 정부가 따로 세워지다

"이대로 가면 정말 남북이 갈라지게 된다오."

통일된 정부를 수립하는 것을 간절히 원했던 김구는 단독 정부를 세우는 것에 크게 반대했어요. 김구는 나라가 분단되는 것을 막기 위해 북한의 정치가들을 만나러 가야겠다고 판단했어요.

그러고는 1948년 4월 19일, 북한에 가서 통일된 민주 정부 수립에 관한 협의를 했어요.

하지만 그러한 노력에도 불구하고 남쪽 지역만의 선거가 실시되고 말았어요. 그리고 1948년 8월 15일 대한민국 정부가 수립되었지요. 그 뒤 북한에서도 9월 9일 조선민주주의인민공화국 정부가 세워졌어요.

결국 남과 북은 미국과 소련이라는 강대국의 통치 아래 있다가 서로 다른 이념과 사상을 가진 정부를 세우고, 통일과는 점점 더 멀어지게 되었어요.

광복의 기쁨은 잠시뿐이었고, 우리나라는 남북으로 분단되는 아픔을 맞이하고 말았지요.

인물 돋보기 **백범 김구** (1876~1949)

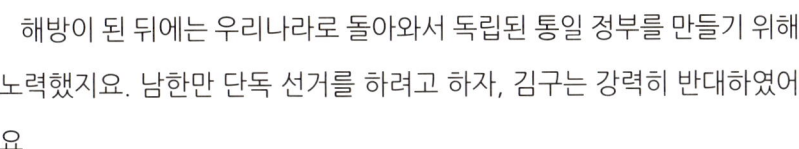

김구는 우리나라 정치가이자 독립운동가였어요. 일제 강점기 때 윤봉길 의거 등을 지휘하여 독립운동을 세계에 널리 알리고, 해방 뒤에는 민족 통합을 이루어 완전한 독립 국가를 만들기 위해 노력했지요.

그는 1919년 삼일 운동 직후 상하이로 가서 상하이 임시 정부에서 독립운동을 지원하였어요.

해방이 된 뒤에는 우리나라로 돌아와서 독립된 통일 정부를 만들기 위해 노력했지요. 남한만 단독 선거를 하려고 하자, 김구는 강력히 반대하였어요.

남북의 정부가 따로 세워진 뒤에도 김구는 끝까지 포기하지 않고 민족 화합을 위해 애썼어요. 그러다 끝내 뜻을 이루지 못하고 1949년 암살당하고 말았지요. 비록 김구의 소원은 이루어지지 못했지만, 누구보다 통일을 위해 애썼던 그의 애국심은 지금도 전해져요. 김구는 우리나라에서 가장 존경받는 위인으로 꼽히지요.

> "네 소원이 무엇이냐고 하느님이 물으신다면 나는 '내 소원은 오직 대한 독립이요'라고 대답할 것이다. 또 그다음 소원이 무엇이냐 물으신다면 '우리나라의 독립이요'라고 말할 것이다. 세 번째를 물으셔도 나는 더욱더 소리를 높여 '내 소원은 우리나라 대한의 완전한 자주독립이요'라고 대답할 것이다."
> – 김구의 말 중에서

 ## 나라의 빛을 되찾다, 광복절

광복절이란?

- 1945년 우리나라가 일본으로부터 해방된 것을 기념하고, 1948년 8월 15일 대한민국 정부가 수립된 것을 기념하는 날
- 광복은 잃어버린 국권을 회복했다는 의미

광복의 과정

- 독일, 이탈리아, 일본 등의 동맹국과 프랑스, 미국, 영국 등이 이룬 연합군 간에 제2차 세계 대전이 일어남
- 1943년 미국, 영국, 중국 대표들은 이집트 카이로의 선언에서 전쟁이 끝나면 우리나라를 일본으로부터 독립시킬 것을 밝힘
- 제2차 세계 대전에서 일본 군대가 연합군에 지고, 일본이 항복하며 우리나라가 독립됨
- 해방은 우리 민족의 꾸준한 독립운동 결과이기도 함

광복 이후

- 광복 후 한반도 북위 38도선을 경계로 미국은 남쪽에, 소련은 북쪽에 들어와 각각 군사 정부를 세움
- 미국과 소련은 1945년 모스크바에서 우리나라를 5년 이내로 신탁 통치하기로 결정함
- 국제 연합은 남북한 주민들이 총선거를 하여 통일 정부를 구성하라는 결론을 내렸지만, 북한이 이에 반대하면서 남한에서 먼저 대한민국 정부가 수립됨(1948년 8월 15일)
- 북한에서도 1948년 9월 9일 조선민주주의인민공화국 정부가 세워짐

광복절 관련 인물

- 김구 : 일제 강점기 때 독립운동을 지원하고, 남북 통합을 위해서 애썼던 정치가이자 독립운동가

광복, 그러나 잊지 말아야 할 것들!

해결하지 못한 과제, 친일파 청산

　해방이 된 뒤 기뻐하기보다는 오히려 두려워하는 사람들이 있었어요. 누굴까요? 네, 바로 일본 편에 서서 친일 행위를 했던 사람들이에요. 해방 뒤, 친일 행위를 했던 사람들을 체포하고 처벌하려는 목적으로 '반민족 행위 특별 조사 위원회'가 꾸려졌지요.

　반민족 행위 특별 조사 위원회는 친일파들을 체포하였으나, 1년도 못 되어 해산하였어요. 체포되었던 사람들도 풀려나 친일파 처벌은 실패했지요. 그 이유는 친일파와 관련이 있는 정치적 권력을 쥔 사람들이 친일파 처벌이 자신들에게 불리하다고 생각했기 때문이에요.

그리하여 친일파들은 처벌받기는커녕 나중에는 국회 의원이나 관리 등 사회 지배층이 되거나, 교육과 문화 분야에서 활동하였어요. 지금까지도 친일파의 후손들이 그 잘못을 덮어 둔 채 부귀영화를 누리며 살고 있는 경우가 많지요.

하지만 우리는 친일파의 잘못된 행동을 절대 잊어서는 안 돼요. 지금이라도 잘못된 부분을 기록·보존하여 알리고, 이러한 잘못이 다시는 반복되지 않도록 하는 노력이 필요하지요.

나눔의 집과 일본군 위안부 역사관

일본으로부터 해방이 되기 직전까지 조선의 청년들은 강제로 전쟁터에 끌려가거나(징병), 공장에 나가 전쟁 물품을 만들었어요(근로정신대). 여자의 경우 일본군의 성적 노리개로 전쟁터를 이리저리 따라다니기도(종군위안부) 했지요. 조선인의 인격과 목숨이 매우 하찮게 취급되던 시절이었지요.

경기도 광주시 퇴촌면에 가면 일본군 종군위안부였다가 살아남은 할머니들이 모여 사는 '나눔의 집'이 있어요.

할머니들은 역사를 바로잡기 위해 힘들었던 과거에 대해 증언*하고 일본의 사과를 받기 위해 남은 삶을 의미 있게 보내고 있어요.

나눔의 집 주변에는 일본군 위안부 역사관이 있는데, 잊혀져 가고 있는 일본의 전쟁 범죄 행위를 낱낱이 보여 주는 곳이에요.

★ **증언** 어떤 사실을 증명함

5 이 땅에 나라를 세우다, 개천절

단군 신화 속으로 풍덩!

"오늘 저녁 메뉴는 삼계탕이야, 맛있게 먹어."

엄마가 가온이 그릇에 삼계탕을 덜어 주었어요. 가온이는 워낙 삼계탕을 좋아하는지라 맛있게 먹었지요. 그런데 국물 안에 하얀 마늘이 보이자, 슬쩍 숟가락을 내려놓고 일어섰어요.

"가온아, 마늘은 왜 안 먹어? 마늘이 얼마나 몸에 좋은데!"

"푹 익어서 물컹하고 맛이 이상하단 말이에요. 우엑."

엄마가 살짝 눈을 흘겼어요.

"가온아, 옛날에 곰이 사람이 되려고 얼마나 열심히 마늘을 먹었는지 알기나 해?"

"무슨 말이에요?"

가온이는 입을 비죽거렸어요.

"가온이 넌 단군 신화도 모르니?"

"누, 누가 모른대요? 그런데 갑자

단군신화 몰라?

기 단군 신화 얘기가 왜 나와요? 쳇."

가온이는 알아요. 엄마가 마늘을 먹게 하려고 단군 신화까지 들먹인 것을 말이에요.

괜히 민망한 가온이는 화난 척을 하고는 방으로 휙 들어갔지요.

"그런데 단군 신화가 어떤 거였더라? 단군이 고조선을 세웠다는 내용 아닌가? 전에 책으로 읽었는데 잘 기억이 안 나네."

그때 책상 한쪽에 놓인 타임 내비게이션이 눈에 띄었어요. 어쩌면 타임 내비게이션의 동글이는 단군 신화를 알지도 모른다는 생각이 들었지요. 가온이는 타임 내비게이션에 대고 속삭였어요.

"동글아, 혹시 단군 신화를 아니?"

[삐릭. 단군 신화는 10월 3일 개천절과 관련 있는 신화입니다. 10월 3일 아이콘을 누르시면 단군 신화 속으로 안내하겠습니다.]

"신화 속으로? 정말?"

가온이는 가슴이 콩닥거렸어요. 떨리는 손으로 '10월 3일' 아이콘을 살짝 눌렀답니다.

눈을 떠 보니, 이번에는 산과 숲, 들판이 멋들어지게 어울려 있는 곳에 와 있었어요. 가온이는 주위를 둘러보다가 산 정상이 얼마 남지 않은 곳에 서 있다는 걸 깨닫고 산을 오르기 시작했어요.

정상이 거의 보일 때쯤이었어요. 키가 아주 큰 나무가 풍성한 잎들을 달고 우뚝 서 있는 게 눈에 들어왔어요.

"이야! 멋지다."

가온이는 자기도 모르게 탄성을 질렀어요.

그런데 더 놀라운 것이 있었어요. 나무 아래 수천 명은 되어 보이는 사람들이 조용히 서 있었던 거예요. 그 사람들은 한 사람을 향해 고개를 숙이고 공손하게 어떤 의식이 끝나기를 기다리고 있는 것 같았어요.

가운데 서 있는 사람은 눈썹이 짙고, 수염은 길며, 기다란 칼을 하나 들고 있었어요.

가온이는 멀찌감치 떨어져 그들을 지켜보았어요.

"널리 인간을 이롭게 하리라. [홍익인간]"

가운데 선 사람이 말했어요.

가온이는 어디서 많이 들어 본 말 같다고 생각했어요.

'음...... 어디서 들었던 말이더라? 저 사람은 누굴까?'

[삐릭. 고조선을 세운 단군의 아버지, 환웅입니다.]

동글이가 대답했어요.

"아! 정말 환웅이란 말이야? 신기하다! 그런데 오늘 무슨 날이야? 참, 호랑이와 곰은 어디 있어? 이 근처 굴속에 있는 거야?"

가온이는 타임 내비게이션에 대고 쉴 새 없이 질문을 해 댔어요. 너무 질문이 많은지 타임 내비게이션은 삐릭, 삐릭 소리만 낼 뿐 반응이 없었지요. 잠시 뒤 화면에 동글이의 메시지가 떴어요.

[삐, 삐, 삐릭. 자, 이제부터 하나씩 차근차근 설명해 드릴 테니, 잘 들으세요!]

가온이는 호기심 가득한 눈빛으로 고개를 끄덕였어요. 어떤 이야기가 나올지 두근두근 설렜지요.

하늘이 열린 날, 고조선 건국

개천절의 의미

개천절은 매년 10월 3일로 단군이 우리나라의 첫 나라인 고조선을 세운 것을 기념하는 날이에요. 즉, 우리 민족의 역사가 시작되는 것을 경축하는 날인 것이지요.

'개천절'이란 말은 '하늘이 열린(開열리다 개 天하늘 천) 날'이라는 뜻을 가지고 있어요. 개천절이 처음 시작된 것은 1909년 단군을 모시는 대종교가 생기면서부터예요. 대종교의 종교 의식으로 행해졌던 개천절 행사는 일제 강점기에 우리의 민족정신을 일깨우는 데 큰 역할을 하였어요. 원래는 음력 10월 3일에 기념해 오다가 1949년 10월부터는 양력 10월 3일로 바꾸어 지금까지 국경일로 기념해 오고 있어요.

단군
우리 민족의 시조*로 일컬어지는 인물이에요. 신화에 따르면, 하늘 신 환인의 손자 단군이 기원전 2333년 이 땅에 조선을 세웠어요. 나중에 이성계가 세운 나라 조선과 구별하기 위해, 단군이 세운 조선은 옛날 조선이라는 뜻으로 '고(古)조선'이라고 고쳐 부르게 됐어요.

★ **시조** 한 겨레나 집안의 맨 처음이 되는 조상

해마다 개천절이 되면 마니산 참성단에서 경건한 제천 의식이 행해지고 있어요.

제천 의식
하늘을 숭배하고 제사를 지내는 일종의 종교 의식이에요. 주로 농경 사회의 풍속으로, 농사짓는 일이 하늘에 달려 있다고 믿었기 때문에 생겨난 의식이지요. 풍년을 바라고, 추수를 감사하는 의미가 담겨 있답니다. 우리 민족 명절인 추석도 제천 의식에서 비롯된 것이라고 할 수 있어요.

단군 신화

하늘에서 내려온 환웅, 사람이 된 곰 웅녀

옛날 옛적에 하늘나라에 환인이라는 임금이 살았어요. 환인에게는 환웅이라는 아들이 있었는데, 환웅은 어느 날 인간 세상을 내려다보더니 아버지에게 말했지요.

"아버지, 저도 저리로 내려가 사람들과 함께 살고 싶습니다."

"그래? 그럼 좋다. 내가 너에게 세 개의 보물 천부인*을 주겠노라. 사람들이 행복하게 잘 살 수 있도록 널리 도움을 주며 살도록 하여라."

그리하여 환웅은 비, 바람, 구름의 신과 3천 명의 신하를 이끌고 땅으로 내려왔어요. 환웅은 이곳에서 곡식, 생명, 질병 등 사람에게 필요한 360여 가지 일들을 맡아보며 사람들을 다스렸어요.

그러던 어느 날, 곰과 호랑이가 환웅을 찾아왔어요.

"환웅 님, 저희도 사람이 되게 해 주세요."

"너희가 정 그러하다면 내가 방법을 일러 주마. 지금부터 굴속에 들어가 쑥과 마늘만 먹으며 100일 동안 정성껏 기도를 할 수 있겠느냐? 그렇게 하면 너희는 사람이 될 것이다."

이렇게 해서 곰과 호랑이는 굴속에 들어가 쑥과 마늘만 먹으며 지냈어요. 그러던 어느 날, 호랑이는 참을 수가 없었어요.

"더 이상 못 먹겠다! 난 그만둘래!"

호랑이는 굴 밖으로 뛰쳐나갔어요. 하지만 곰은 쓰디쓴 쑥과 매운 마늘을 먹으며 계속 견디었어요. 그리고 열심히 기도를 했지요.

21일 뒤, 마침내 곰은 아름다운 여인이 되었어요. 사람들은 그녀를 '웅녀'라고 불렀어요.

웅녀는 기뻐서 어쩔 줄 몰랐어요. 그런데 사람이 되자, 한 가지 소원이 더 생겼지요.

"여인이 되었으니 아기를 갖게 해 주시옵소서. 비나이다. 비나이다."

웅녀가 간절하게 기도하는 모습을 보고, 환웅은 웅녀를 색시로 삼았어요. 그 뒤로 열 달이 지나 웅녀는 건강한 남자아이를 낳았어요. 이 아들이 바로 단군이에요.

단군은 무럭무럭 자라나 지혜롭고, 마음씨 어진 사내가 되었어요.

그리고 아사달에 도읍을 정하고 새 나라를 세웠어요. 어진 임금 단군은 새 법을 정하고, 이곳을 살기 좋은 나라로 만들었지요.

그게 바로 우리 땅에 세워진 첫 나라, 고조선이에요.

★ **천부인** 청동 검, 청동 방울, 청동 거울

단군 신화에 담긴 뜻을 알자!

우리나라 최초의 나라인 고조선에 대한 가장 오래된 기록은 『삼국유사』에 나와 있어요. 이 기록에 따르면 단군은 1500년 동안이나 나라를 다스렸다고 해요. 그런데 이게 정말 사실일까요? 이 밖에도 곰과 호랑이가 사람이 되게 해 달라고 빌었다는 등, 단군 신화에는 믿기 어려운 부분이 있어요.

여기서 주의할 점은 '신화'는 사실 그대로만 적는 게 아니라 '상징적인 뜻'을 담아서 쓴다는 거예요. 단군 신화는 역사적 사실을 바탕으로 지어진 이야기지요.

곰과 호랑이는 정말 있었다?!

곰과 호랑이는 실제 동물이 아니라, 각각 곰과 호랑이를 섬기던 부족이에요. 환웅은 다른 지역에서 온, 하느님을 섬기던 부족을 뜻하고요. 신화 속에서 곰만 사람이 되었다는 것은 곰을 섬기던 부족만이 환웅 부족과 결합하여 나라를 이룬 것임을 상징하는 것이지요.

단군은 1500년 동안 살았다?!

고조선은 역사상 실제 있었던 나라예요. 그런데 신화 속 단군은 한 인물이 아니라 직위를 나타내는 명칭으로, 고조선을 지배했던 통치자들을 말하는 거예요. 따라서 1500년 동안 여러 명의 단군이라는 통치자가 나라를 다스렸다는 이야기지요.

비, 바람, 구름의 신?

단군 신화에서 환웅이 비, 바람, 구름의 신을 데리고 왔다는 것은 고조선이 농경 사회였다는 뜻이에요. 농사를 짓는 데 있어서 자연환경의 영향력은 매우 컸으니까요. 즉 환웅이 비, 바람, 구름의 신을 거느렸다는 것은 그만큼 그 사회가 농사를 매우 중요하게 생각했다는 것을 보여 주는 거예요.

단군 신화에 담긴 이념, 홍익인간

단군 신화에 보면 환웅이 지상에 내려와 사람들을 돌보며 도와주었다고 하였죠? 이를 보고 '홍익인간(弘 넓을 홍 益 더할 익 人 사람 인 間 사이 간)'의 뜻을 담고 있다고 말해요.

홍익인간이란, **'널리 인간 세계를 이롭게 한다.'** 는 뜻이에요. 조화롭고 평화로운 삶을 위해서 윤리와 질서를 지키고자 하는 생각이 담겨 있어요.

개천절 유적

참성단

　참성단은 개천절에 단군에게 제사를 지내는 곳으로, 강화도 마니산 가운데 봉우리에 있어요. 구덩이를 파고 돌로 쌓은 성이라는 뜻으로 '구덩이 참(塹)' 자와 '성 성(城)' 자, '제단 단(壇)' 자를 써서 참성단이라는 이름이 붙었어요.★

　참성단은 돌로 둥글게 쌓은 아랫단과 네모반듯하게 쌓은 윗단으로 구성되어 있어요. 둥근 아랫단은 하늘을 상징하고, 네모난 윗단은 땅을 상징한다고 전해져요.

★참성단의 한자 표기는 세 가지이다. '별을 참배하다'라는 의미의 (參참여하다참 星별성 壇제단단), '별을 참배하는 구덩이'라는 뜻의 참성단(塹구덩이참 星별성 壇제단단)이라는 뜻도 있다.

우리나라의 수많은 산 중에서도 왜 하필이면 마니산에 참성단을 쌓게 된 것일까요? 그것은 예로부터 마니산이 깨끗하고 하늘과의 인연이 깊은 곳으로 알려져 왔기 때문이에요.

참성단 중수비

참성단 주변에 보면 커다란 비석이 세워져 있어요. 이 비석은 '참성단 중수비'라고 하지요. 참성단 중수비는 참성단을 새로이 고친 뒤, 그 내용을 기록해 놓은 비석이에요.

조선 숙종 때 강화 유수*를 지내던 최석항이 이곳을 순찰하며 마니산에 올랐어요. 그러다 최석항은 참성단이 무너져 있는 것을 발견했지요.

최석항은 강화도에 있는 절 전등사의 승려였던 신묵에게 참성단을 새로 고쳐 지으라고 명하였어요. 그리하여 1717년 5월에 참성단 중수비가 세워졌지요.

참성단 중수비에는 '참성단'이라는 이름이 생기게 된 사연, 참성단에 대한 선조들의 뜻 등 여러 가지 기록들이 함께 적혀 있어요.

★ **유수** 조선 시대에 수도 외의 곳을 맡아 다스리던 벼슬

 **이 땅에 나라를 세우다, 개천절**

개천절이란?

- 단군이 우리나라의 첫 나라인 고조선을 세운 것을 기념하는 날
- 1909년 단군을 모시는 대종교가 생기면서 시작됨
- 원래는 음력 10월 3일에 기념해 오다가 1949년 10월부터는 양력 10월 3일로 바꾸어 지금까지 국경일로 기념함
- 해마다 개천절이 되면 마니산 참성단에서 제천 의식이 행해짐
- **단군** : 우리 민족의 시조로 일컬어지는 인물
- **제천 의식** : 하늘을 숭배하고 제사를 지내는 종교 의식

단군 신화

하늘 신의 아들 환웅이 땅 위에 내려와, 인간 세상을 다스렸다. 어느 날, 호랑이와 곰이 사람이 되고 싶다며 환웅을 찾아왔다. 환웅은 100일 동안 마늘과 쑥만 먹고 살면 사람이 될 것이라고 하였다. 결국 곰만 이 약속을 따라 여인이 되었다. 환웅은 사람이 된 곰 웅녀와 혼인하여 남자아이를 낳았다. 이 아이가 단군이며 단군이 세운 나라가 고조선이다.

단군 신화에 담긴 뜻

- **곰과 호랑이** : 실제 동물이라기보다는 곰을 섬기는 부족, 호랑이를 섬기는 부족이었음
- **단군** : 역사 속 단군은 한 인물이 아니라, 직위를 나타내는 명칭
- **비, 바람, 구름의 신** : 환웅이 비, 바람, 구름의 신을 데리고 왔다는 것은 고조선 시대에 농사를 중요히 여겼다는 뜻
- **홍익인간** : '널리 인간 세계를 이롭게 한다.'는 뜻으로 단군 신화에 담긴 이념

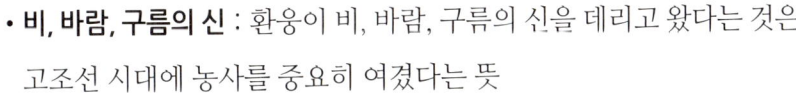

개천절 유적

강화 참성단

- 개천절에 단군에게 제사를 지내는 곳
- 하늘을 상징하는 둥근 아랫단과 땅을 상징하는 네모난 윗단으로 구성
- **참성단 중수비** : 조선 숙종 때 참성단을 새로 고친 뒤, 그 내용을 기록한 비석

고조선은 어떤 나라였을까?

고조선은 기원전 2333년 단군이 세운 우리나라 최초의 국가예요. 중국 요동과 한반도 서북부 지역에 위치했지요. 고조선은 어떤 나라였을까요?

고조선 사람들의 생활

고조선 시대에 사람들은 마을을 이루며 살았고, 농사를 지었으며 가축을 길렀어요. 흙이나 나무로 그릇을 만들어 사용했지요.

고조선에는 사람들이 꼭 지켜야 할 8조법이 있었어요. 8개의 조항으로 이루어진 8조법 중 3개의 조항만 지금까지 전해지고 있지요.

8조법 중 3개 조항의 내용
- 사람을 죽이면 즉시 사형에 처한다.
- 남의 신체를 다치게 한 자는 곡물로 갚는다.
- 남의 물건을 훔친 자는 노비가 되어야 하며, 용서를 받으려면 돈을 내야 한다.

이 내용을 보면, 고조선은 사회 질서가 매우 엄격한 사회였음을 알 수 있어요. 또 노비가 있었던 것으로 미루어 보아 신분 제도가 있었음을 짐작할 수 있어요.

고조선이 남긴 문화 유적

고조선의 문화 유적으로 대표적인 것은 고인돌과 비파형 동검이에요. 고인돌은 이때의 무덤 양식으로서, 특히 고창, 화순, 강화에 많이 남아 있지요. 비파형 동검은 칼의 몸체가 현악기 중 비파 모양과 비슷하다 해서 붙여진 이름이에요. 중국의 요동 지방을 중심으로 한반도 전역에서 출토*되고 있지요.

고인돌　　　비파형 동검

고조선의 멸망

기원전 194년, 위만이라는 사람이 고조선의 준왕을 몰아내고 새로운 왕이 되었어요. 고조선은 위만이 왕이 된 뒤로 더욱더 강력한 나라로 성장하였지만, 위만의 손자인 우거왕 때(기원전 108년) 중국 한나라에 침략당하여 멸망했어요.

★ **출토** 땅속에 묻혀 있던 물건이 밖으로 나옴. 또는 그것을 파냄

6 자랑스런 우리 글자를 만들다, 한글날

니르·샤딕브툇法·법
는·마리·ᄠᅩ·ᅡᆯ·미·이
甚·씸
려 般
올·우리·도得·득ᄒᆞ·야
론·가·ᄒᆞ·다ᄉᆞᆯ·ᄫᆞ·ᅌᅳ
[며 졍] 리 법 이 시·이

세종 대왕과의 만남

"자, 오늘 숙제는 '한글'과 관련이 있는 사람을 조사하는 거예요. 그런데 인터넷에 나온 정보를 그대로 베끼면 안 돼요. 스스로 노력해서 멋진 결과물을 만들어 오길 바랄게요. 알았죠?"

선생님은 주말 동안 이 숙제를 해 오라고 했어요.

가온이는 너무 막막했어요. 짝꿍 진희는 엄마 친구이신 국어학자를 인터뷰할 거라고 했어요. 가온이는 집에 와서 엄마에게 도움을 청했지요.

"인터넷으로 조사하면 안 된다고? 글쎄다, 엄마도 잘 모르겠는데. 오늘은 도서관이 휴관이니, 책을 빌릴 수도 없고. 어쩌지……."

엄마는 머리를 이리저리 갸웃거리며 생각을 해냈어요.

"진희는 국어학자를 인터뷰한대요."

"그래? 그럼 넌 세종 대왕을 인터뷰하면 되겠네!"

엄마가 무릎을 탁 치며 말했어요.

가온이는 어이가 없어서 멍하니 엄마만 바라보았어요.

"호호호, 왜? 세종 대왕이 한글 만들었잖아!"

엄마는 가온이 반응을 살피며 웃음을 참았어요.

세종 대왕을 인터뷰해

"엄마, 장난 그만하세요. 세종 대왕을 어떻게 만나요?"

"하하. 미안. 농담 한번 해 봤어."

가온이는 입이 툭 내밀고 방으로 들어갔어요. 그런데 그때 가온이 머릿속에 스쳐 가는 것이 있었어요.

타임 내비게이션의 마지막 아이콘 '10월 9일'이었지요. 10월 9일은 한글날이잖아요.

"아, 맞다! 타임 내비게이션이 있었지? 정말 세종 대왕을 만날 수 있을지도 몰라."

가온이는 타임 내비게이션을 꺼냈어요.

"가온아, 간식 먹고 해. 엄마가 도와줄게. 이번엔 장난 안 할게. 응?"

밖에서 엄마 목소리가 들렸어요.

"아니에요! 괜찮아요!"

가온이는 방문을 잠갔어요.

"동글아. 세종 대왕님을 만나게 해 줘."

가온이는 타임 내비게이션에 속삭이며 마지막 아이콘을 힘차게 눌렀지요.

"아이쿠, 깜짝이야! 무엇 하는 아이인고?"

곤룡포★를 입은 할아버지가 엉덩방아를 찧으며 털썩 주저앉았어요.

★ **곤룡포** 임금이 입던 옷으로 누런빛이나 붉은빛의 비단으로 지었으며, 가슴과 등과 어깨에 용의 무늬를 수놓았다.

'어! 진짜 왔네. 저분이 세종 대왕?'

가온이는 한눈에 세종 대왕을 알아보았지요. 그리고 용기 내어 인사를 했어요.

"아…… 안녕하세요?"

"여기는 나 혼자 일을 하는 곳인데 어떻게 이 방에 들어온 것이냐?"

세종 대왕은 가온이를 바라보며 물었어요.

"할아버지가 훈민정음을 만든 임금님 맞지요?"

가온이가 웃으며 말했어요.

"뭐라고? 그, 그걸 어떻게……."

세종 대왕은 몹시 놀랐어요.

"저는 엄가온이에요. 세상의 중심이라는 뜻이지요."

가온이가 웃으며 말했어요.

"그래, 엄가로구나. 이름이 참 예쁘구나."

"네! 아빠가 지어 주셨어요."

가온이는 세종 대왕에게 이름을 말하는 게 자랑스러웠어요.

그리고 세종 대왕 손바닥에 자기 이름을 손가락으로 적어 주었어요. 그러자 세종 대왕은 깜짝 놀랐지요.

"아니, 이럴 수가! 내가 만든 훈민정음을 어떻게 벌써 알고 있느냐? 아직 반포*도 하지 않았는데……."

세종 대왕 눈이 휘둥그레졌어요.

"아…… 그, 그게 저……. 참! 할아버지! 궁금한 게 있는데요, 왜 한자가 있었는데 굳이 우리나라 글자를 만들었어요?"

당황한 가온이가 우물쭈물하다가, 갑자기 큰 소리로 질문을 했어요.

"으응? 음, 조선의 말은 중국의 말과 다른데, 중국의 글자인 한자를 빌려 쓰니 말 따로 글 따로 써서 불편하지 않겠느냐? 나는 조선 사람에게는 조선 글자가 필요하다고 생각했단다."

"그렇구나! 이야! 정말 멋져요!"

가온이는 짝짝짝 박수를 쳤어요. 가온이는 세종 대왕과 한글에 대한 이야기를 도란도란 나누기 시작했어요. 창밖에는 달빛이 환하게 이들을 비추었답니다.

★ **반포** 세상에 널리 퍼뜨려 모두 알게 함

우리 글자가 탄생한 날

한글날의 의미

　세종 대왕은 1443년에 우리글 훈민정음을 만들었어요. 그리고 1446년 음력 9월에 이를 널리 알렸지요. 한글날은 매년 10월 9일로 세종 대왕이 훈민정음을 만들고 알린 것을 기념하고, 우리 한글의 우수성을 널리 알리기 위해 제정된 국경일이에요.

　한글날은 1926년 '가갸날'이라는 이름으로 처음 생겨났어요. 일제 강점기 때 우리 민족의 자긍심을 높이기 위해 만든 것이지요. 그러다 1928년에 '한글날'로 명칭이 바뀌었어요. '한글'이라는 명칭은 주시경이라는 국어학자가 만들어 붙인 이름이에요.

　한글날은 광복 후에 양력 10월 9일로 날짜가 확정되었고, 2006년부터 국경일로 지정되어 기념해 오고 있어요.

　해마다 한글날이 되면 전국 각지에서 기념식이 열리고 우리말 관련 행사를 열어 한글날의 의미를 되새기고 한글의 우수성을 세계인들에게 알리고 있어요.

한글 자음과 모음 읽기

ㄱ	기역	ㅏ	아
ㄴ	니은	ㅑ	야
ㄷ	디귿	ㅓ	어
ㄹ	리을	ㅕ	여
ㅁ	미음	ㅗ	오
ㅂ	비읍	ㅛ	요
ㅅ	시옷	ㅜ	우
ㅇ	이응	ㅠ	유
ㅈ	지읒	ㅡ	으
ㅊ	치읓	ㅣ	이
ㅋ	키읔		
ㅌ	티읕		
ㅍ	피읖		
ㅎ	히읗		

올바르게 읽는 게 중요해.

헉! 저는 이제껏 티읕을 '티귿'으로 읽었어요!

훈민정음 창제 이야기

훈민정음은 왜 필요했나?

훈민정음(訓가르치다 훈 民백성 민 正바를 정 音소리 음)은 글자대로 해석하면 '백성을 가르치는 올바른 소리'라는 뜻이에요.

훈민정음이 만들어진 이유는 백성들이 말과 글을 사용하는 데 편리함을 주기 위해서예요. 그전까지 우리나라는 중국의 한자를 썼어요. 게다가 신분이 높은 사람만 한자를 배워 사용했을 뿐, 일반 백성들은 한자가 너무 어려워 배울 수가 없었지요. 그래서 세종 대왕은 백성들이 배우고 사용하기 쉬운 우리글 훈민정음을 만든 것이에요.

집현전 학자들의 반대

1443년, 세종 대왕은 훈민정음을 만들었어요. 세종 대왕이 훈민정음을 반포하려고 할 때 주변의 반대는 무척 심했어요. 특히 최만리 등 나이 많은 학자들의 반대는 엄청났지요.

학자들이 그토록 훈민정음 반포를 반대한 이유는 새로운 글자를 사용하는 것은 중국에 대한 예의에 어긋나고 한자를 무시하는 것이라고 여겼기 때문이에요. 그때 우리나라는 중국에 대한 사대주의가 심했어요. 사대주의란, 세력이 크거나 강한 나라에 복종하고 그 나라를 섬기는 태도를 말해요. 중국과 다른 글자를 쓰는 것은 스스로 오랑캐가 되는 짓이라고 생각했던 거지요.

주변의 반대에도 아랑곳하지 않고 세종 대왕은 훈민정음의 필요성을 가슴 깊이 인식하여 결국은 쉽고도 과학적인 글자, 훈민정음을 반포하였어요.

훈민정음은 1443년에 창제된 뒤, 3년 동안의 실험을 거쳐 1446년에 널리 반포되었답니다.

훈민정음 창제 과정에서 세종 대왕이 자녀들과 집현전* 젊은 학자들의 도움을 받기도 했다지만, 한자만 중요시 여기던 조선 사회에서 왕이 직접 백성들을 위하여 나라의 글자를 만들어 냈다는 것은 지금 생각해도 매우 놀랍고 대단한 일이지요.

⭐ **집현전** 조선 전기 학문 연구를 위해 궁중에 설치한 기관

백성들 생활의 변화

훈민정음이 반포되자 일반 백성들도 자신의 생각과 뜻을 글로 적을 수 있게 되었어요.

예를 들어 농업 기술을 전수*한다거나, 평소에 연락하고 싶었던 사람들과 편지를 주고받는 등의 생활에 많은 도움이 되었지요.

한글은 주로 여성들에게 많은 인기를 끌었어요. 여성들은 정식으로 한자 교육을 받기 어려운 경우가 많았기 때문이에요. 특히 양반 집안의 부인이나 궁궐에 사는 궁녀들이 개인적으로 주고받는 편지나 일기를 쓸 때 한글을 자주 사용했답니다.

하지만 양반 계층에서는 훈민정음 창제 뒤에도 한글을 한자보다 못한 글자로 무시하는 경향이 강했어요.

한글이 제대로 존중받게 된 것은 조선 시대가 끝나 갈 무렵이었어요. 이때부터 '국문'이라 하여 한자와 나란히 쓰이게 되었죠.

그러다가 일제 강점기에 강제로 일본말을 쓰게 되면서, 한글의 소중함을 깨닫고 지키고자 노력했으며, 한글의 위상이 높아지기 시작했어요.

⭐ **전수** 기술이나 지식 따위를 전하여 줌

인물 돋보기 세종 대왕 (1397~1450)

세종 대왕은 조선 제4대 왕이에요. 항상 백성을 위하며 깨끗한 정치를 펼쳤던 왕으로, 우리나라 역사상 가장 훌륭한 왕으로 꼽히지요.

세종 대왕은 문화 정책에서 뛰어난 업적을 쌓았어요. 학문을 연구하는 기관인 집현전을 설치하여 인재를 기르고, 학자들이 학문에 전념할 수 있도록 도왔어요.

그뿐만 아니라 음악과 과학 분야에도 관심을 기울였는데 악기 제작 기관인 악기도감을 설치하여 악기를 만들고, 과학관을 설치하여 측우기·혼천의·해시계·물시계 등을 발명하는 데 도움을 주었어요.

세종 대왕은 주변 나라들과는 평화적인 관계를 유지하면서도, 영토를 확장하고 국토가 고르게 발전할 수 있도록 힘썼지요.

하지만 세종 대왕의 가장 큰 업적은 역시 우리나라 글자인 훈민정음 창제였어요. 매우 과학적이고 우수한 글자를 만들었다는 점에서 해외에서도 뛰어난 위인으로 인정받고 있지요.

훈민정음 창제를 도운 집현전 학자들
정인지, 신숙주, 성삼문

세종 대왕이 여러 훌륭한 업적을 쌓을 수 있었던 것은 곁에 뛰어난 신하이자 학자들이 있었기 때문이에요. 그중 대표적인 사람들이 정인지, 신숙주, 성삼문이지요. 이들은 세종 대왕의 명을 받들어 당시 사회의 문화와 정치 발전에 크게 기여했답니다.

정인지는 문장과 역사, 천문학 등에서 재능을 발휘하여 관련 책을 쓰기도 했어요. 그는 특히 훈민정음 창제 당시 많은 역할을 한 학자지요. 그는 왕의 명을 받아 안지, 권제 등과 함께 『용비어천가』를 지었답니다. 『용비어천가』는 훈민정음으로 쓴 최초의 작품으로 조선 선조들의 업적을 기리는 내용이에요.

신숙주 역시 빼어난 문인이자 학자였어요. 신숙주는 훈민정음을 만들기 위해 성삼문과 함께 명나라 학자 황찬을 찾아 언어에 대한 지식을 배웠지요. 그리고 이때 배운 지식을 토대로 하여 『용비어천가』를 만드는 데 참여하였어요.

성삼문은 훈민정음 창제를 위한 연구에 심혈을 기울인 학자였어요. 성삼문도 신숙주와 함께 황찬에게 음운을 배우고, 훈민정음을 만드는 데 큰 도움을 주었지요.

한글의 과학적 원리

한글의 자음과 모음

훈민정음은 원래 자음 17자, 모음 11자로 모두 28글자였으나 세월이 흐르면서 소리가 필요 없어진 글자들은 점차 사라져, 지금은 자음 14자, 모음 10자가 되었어요.

	현재 한글	없어진 글자
자음	ㄱ ㄴ ㄷ ㄹ ㅁ ㅂ ㅅ ㅇ ㅈ ㅊ ㅋ ㅌ ㅍ ㅎ	꼭지이응(ㆁ) 여린히읗(ㆆ) 반시옷(ㅿ)
모음	ㅏ ㅑ ㅓ ㅕ ㅗ ㅛ ㅜ ㅠ ㅡ ㅣ	아래아(ㆍ)

훈민정음 모음 제작 원리

모음은 하늘, 땅, 사람의 모양을 본떠 만들어졌답니다.

원리	기본자	결합자 (ㆍ가 한 번 결합된 글자)	가획자 (기본자에 획을 더한 글자)
하늘의 둥근 모양	ㆍ	ㅗ ㅜ	ㅛ ㅠ
땅의 평평한 모양	ㅡ	ㅓ	ㅕ
사람의 서 있는 모양	ㅣ	ㅏ	ㅑ

훈민정음 자음 제작 원리

훈민정음은 매우 과학적인 원리로 만들어졌답니다. 자음은 우리 발음 기관 모양을 본떠 만들어졌지요.

그림	원리	기본자	가획자	이체자 (기본자와 글자 음과 뜻은 같으나 형태가 다른 글자)
	혀가 목젖에 닿아 있는 모양	ㄱ	ㅋ	ㆁ
	혀끝이 윗잇몸에 닿는 모양	ㄴ	ㄷ ㅌ	ㄹ
	입의 모양	ㅁ	ㅂ ㅍ	
	이의 모양	ㅅ	ㅈ ㅊ	ㅿ
	목구멍의 모양	ㅇ	ㆆ ㅎ	

한글과 관련된 유물

훈민정음, 이렇게 사용하는 것이다!

　훈민정음을 만들었을 때, 이에 대하여 한문으로 해설한 책이 있는데 이 또한 『훈민정음』이라고 해요. 책으로 만든 『훈민정음』은 크게 『훈민정음 예의본』과 『훈민정음 해례본』으로 나뉘어요.

　『훈민정음 예의본』에는 훈민정음을 만든 이유가 쓰여 있어요. 『훈민정음 해례본』에는 훈민정음을 어떻게 만들었는지 그 원리와 어떻게 발음하는지 사용 방법에 대해 적혀 있어요.

『훈민정음』은 국보 제70호로 지정되어 있지.

『훈민정음 해례본』

『용비어천가』

『용비어천가』는 1447년에 만들어진 것으로 조선 왕조를 찬양하고 조상들의 덕을 칭송*한 노래책이에요. 모두 125장으로 구성되어 있으며, 훈민정음으로 엮은 최초의 책이랍니다.

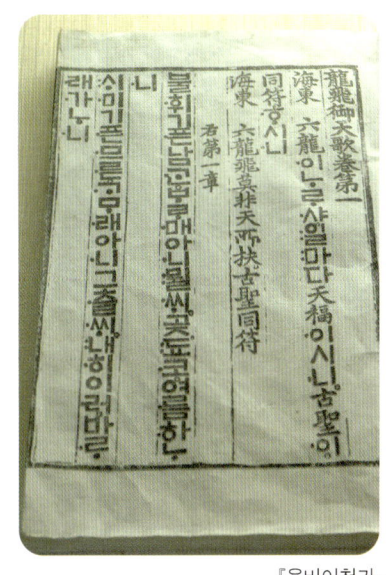

『용비어천가』

조선을 세운 태조 이성계의 조상과 조선 임금을 칭송한 이 노래책을 만든 이유가 무엇일까요? 고려가 멸망하고 새 나라 조선이 세워진 것을 정당화하려는 의도였을 거예요. 또 백성들에게 조선의 건국이 옳은 일임을 널리 알리고, 한글로 된 노래도 알림으로써, 한글 사용을 적극 권장한 것이기도 하지요.

이렇듯 세종 대왕의 명을 받아서 정인지, 안지, 권제 등이 훈민정음을 사용하여 『용비어천가』를 지었답니다.

『용비어천가』는 15세기의 언어와 문학을 연구하는 데 매우 중요한 자료로서 대한민국 보물 제1463호로 지정되어 있어요.

★ **칭송** 칭찬하여 일컬음

 ## 자랑스런 우리 글자를 만들다, 한글날

한글날이란?

- 세종 대왕이 훈민정음을 만들고 알린 것을 기념하고, 우리 한글의 우수성을 널리 알리기 위해 제정된 국경일
- 1926년 '가갸날'이라는 이름으로 처음 생겨남. 그러다 1928년에 '한글날'로 명칭이 바뀜
- 2006년부터 국경일로 지정됨

훈민정음 창제 과정

- 한글이 있기 전 우리 백성들은 중국의 한자를 썼음. 백성들이 말과 글을 사용하는 데 편리함을 주기 위해서 세종 대왕은 훈민정음을 만듦
- 결국 1443년 훈민정음이 창제되고, 3년 동안의 실험을 거쳐서 1446년 반포됨

한글 창제 이후 변화

- 백성들도 글을 써서 농업 기술을 전수한다거나 편지를 주고받기 훨씬 쉬워짐
- 한글은 여성들에게 많은 인기를 끌었음

한글날 인물

- **세종 대왕** : 조선 제4대 왕으로, 한글 창제뿐만 아니라 음악과 과학 등의 분야에서도 뛰어난 실력을 보여 주어 역사상 가장 훌륭한 왕으로 꼽힘
- **정인지, 신숙주, 성삼문** : 세종 대왕을 도와 훈민정음 창제에 큰 공헌을 한 학자들임

한글의 과학적 원리

- **자음 제작 원리** : 발음 기관의 모양을 본떠 만들어짐
- **모음 제작 원리** : 하늘, 땅, 사람 모양을 본떠 만들어짐

한글과 관련된 유물

- 『훈민정음 예의본』 : 훈민정음을 만든 이유가 쓰여 있음
- 『훈민정음 해례본』 : 훈민정음을 어떻게 만들었는지 그 원리와 어떻게 발음하는지 사용 방법에 대해 적혀 있음
- 『용비어천가』 : 1447년에 만들어진 것으로 조선 왕조를 찬양하고 조상들의 덕을 칭송한 노래책

한글날 제정에 얽힌 이야기

왜 10월 9일이 한글날이 되었을까?

한글날의 유래는 1926년에 음력 9월 29일로 지정된 '가갸날'에서 찾을 수 있어요. 그러다 1928년 '한글날'로 이름이 바뀌게 된 것이지요.

이때 음력 9월의 마지막 날인 29일을 한글날로 정한 것은 『세종실록』*에 '이달에 훈민정음이 이루어지다.'라고 한 기록 때문에 나름대로 날짜를 추정한 것이에요.

1931년에는 음력으로 기념해 오던 한글날을 양력으로 고치는 과정에서 10월 29일로 바뀌었고, 그 이후에 다시 10월 28일로 바뀌기도 했어요.

그런데 1940년 경북 안동에서 『훈민정음』 원본이 발견되면서 훈민정음 반포 날짜가 음력 9월 10일이라는 게 밝혀졌어요. 양력으로 따지니 10월 9일이었지요.

그 뒤 1945년 광복 이후부터는 양력 10월 9일이 한글날로 다시 확정되어 오늘에 이르렀답니다.

★ **세종실록** 세종이 왕위에 있었던 32년간의 기록

북한에도 한글날이 있다?!

북한에도 한글날이 있을까요?

북한은 한글을 '한글'이라고 부르지 않아요. '정음' 또는 '조선 글자'라고 부르지요. 북한에서는 1월 15일을 '조선글날'로 정해 훈민정음 창제일을 기념하고 있어요.

세종 대왕이 처음 훈민정음을 만든 날이 1443년 12월인데, 양력으로는 1월이에요. 그래서 북한에서는 1월의 가운데 날인 15일을 훈민정음 창제일로 지정한 것이에요. 즉, 우리나라에서는 훈민정음이 반포된 날을 기준으로 날짜를 정하였고, 북한에서는 훈민정음 창제된 날을 기준으로 날짜를 정한 것이지요.

⑦ 역사가 숨 쉬는 독립 기념관으로 출발!

타임 내비게이션의 마지막 추천 장소, 독립 기념관!

토요일 아침, 가온이는 모처럼 눈이 빨리 떠졌어요. 어제 한글날 시간 여행을 하고 온 것이 마치 꿈처럼 느껴졌지요. 거실에 나오니 아빠가 동생 결이와 신문을 보고 계셨어요. 엄마는 주방에서 그 옆에서 여유롭게 커피를 마시고 있었고요.

"아빠, 엄마! 안녕히 주무셨어요?"

"오, 일어났니? 가온아, 창밖을 봐. 오늘 날씨가 정말 좋다."

아빠 말에 창밖을 보니, 정말 오늘따라 하늘이 유난히 높고 맑아 보였지요.

"우아, 정말이네! 아빠, 우리 오늘 놀러 가요! 날씨가 이렇게 좋은데 집에만 있을 수 없잖아요!"

"어디 갈까?"

"음, 우리 모두 같이 의논해서 정해요."

놀이공원, 축구장, 영화관…… 가온이 머릿속에는 여러 장소가 생각났어요. 오랜만에 나서는 가족 나들이라고 생각하니, 딱 맞는 장소를 선택하는 게 힘들었지요. 그때 가온이 머릿속으로 스치는 게 하나 있었어요. 바로 타임 내비게이션의 도우미, 동글이었지요. 동글이는 척척박사이니, 좋은 장소도 추천해 줄 수 있을 것 같았거든요.

"아빠, 잠시만요! 제 친구한테 물어보고 올게요."
"친구?"
"네, 궁금한 건 무엇이든 대답해 주는 친구가 있거든요!"
고개를 갸우뚱하는 아빠를 뒤로하고, 가온이는 방으로 들어갔어요. 그리고는 타임 내비게이션을 꺼냈지요. 가온이는 타임 내비게이션을 켜고, 동글이가 나올 때까지 기다렸지요.
[삐릭. 안녕하세요.]
"동글아! 물어볼 게 있어. 오늘 우리 가족 다 같이 다녀오기 좋은 장소가 어딜까? 넌 모르는 게 없잖아."
[삐릭, 삐릭, 삐릭.]

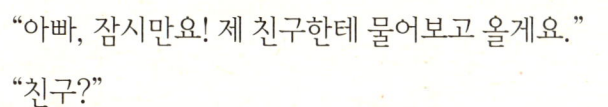

"어? 얘가 왜 이러지? 고장 났나?"

가온이는 가슴이 철렁했어요.

조금 뒤였어요.

[삐릭. 그동안 이용해 주셔서 고마웠습니다. 이 타임 내비게이션은 다섯 아이콘을 모두 클릭하면 수명이 끝납니다. 저, 동글이 역시 이 타임 내비게이션의 임무가 끝났으니 이제 사라질 것입니다.]

"안 돼! 가지 마!"

가온이는 갑자기 동글이와 헤어지는 것이 섭섭했어요.

[삐릭. 마지막으로 가족이 함께 다녀오기 좋은 곳을 소개해 드리겠습니다. 삐릭.]

소리와 함께 타임 내비게이션 화면에는 어떤 건물 사진이 떴어요.

"여기가 어디야?"

"우리나라 독립과 광복의 역사가 담겨 있는 독립 기념관입니다. 이곳은……."

그때였어요. 동글이의 마지막 말이 끝나기도 전에 전원이 꺼지더니, 타임 내비게이션은 감쪽같이 사라지고 말았어요.

"앗! 동글아!"

가온이는 아쉬운 마음이 들었어요. 그래서 타임 내비게이션이 있던 자리에 손을 흔들며 인사했어요.

"그동안 정말 고마웠어. 잘 가, 안녕."

거실로 나온 가온이는 아빠에게 달려가 말했어요.

"아빠, 우리 독립 기념관 갈까요? 친구가 추천해 줬어요!"

"아, 독립 기념관! 나도 딱 한 번밖에 못 가 봤는데! 그것도 아빠 학교 다

닐 때니까 아주 오래됐어. 그래, 오랜만에 한번 가 보고 싶다."

아빠가 빙그레 웃으며 말했어요.

"어머, 좋다! 나도 아직 한 번도 못 가 봤어요."

엄마가 커피를 마시다 말고 웃으며 말했지요.

"독립 기념관에 가면 우리나라 역사를 한눈에 알 수 있고, 나라를 위해 애썼던 분들도 만날 수 있지. 친구가 좋은 곳을 추천해 줬구나."

아빠가 가온이의 머리를 쓰다듬으며 말했어요.

"맞아요, 정말 고마운 친구예요. 헤헤."

가온이는 타임 내비게이션을 떠올리며 미소 지었어요. 독립 기념관에 가면 타임 내비게이션과 함께했던 시간 여행이 생각나겠지요? 가온이는 시간 여행의 추억을 생각하며, 서둘러 독립 기념관으로 향했답니다.

겨레의 얼이 숨 쉬는 독립 기념관

독립 기념관은 우리나라의 독립을 위해 노력한 우리 민족의 발자취를 고스란히 기록하고 전시한 곳이에요. 국민 모금 운동을 통해 1987년 설립되었지요.

독립 기념관에는 7개의 전시관이 있어요. 제1 전시관부터 제7 전시관까지 차근차근 둘러보면 우리나라 역사가 한눈에 보이지요.

위치 충남 천안시 동남구 목천읍 독립기념관로 1
개관 시간 9:30~18:00(3~10월)/ 9:30~17:00(11~2월)
홈페이지 i815.or.kr
전화번호 041-560-0114

기와지붕을 얹은 이 커다란 건물은 독립 기념관의 상징 건물인 겨레의 집이에요. 겨레의 집 뒤에 전시관들이 차례대로 자리 잡고 있지요. 각각 어떤 전시관인지 알아볼까요?

- **제1관 겨레의 뿌리** : 선사 시대부터 조선 시대까지 우리 민족의 자랑스러운 유물들을 만나 볼 수 있는 곳이에요.
- **제2관 겨레의 시련** : 우리나라가 외국과 물품을 사고팔기 위해 항구를 개방한 개항기부터 일제 강점기 때 겪은 시련의 역사를 알아볼 수 있어요.
- **제3관 겨레의 함성** : 일본에 나라를 빼앗겼을 때 국권을 되찾기 위한 활동들을 살펴볼 수 있어요.
- **제4관 평화누리** : 독립운동의 의미와 가치를 생각해 볼 수 있어요.
- **제5관 나라 되찾기** : 독립군, 열사들에 대한 자료를 볼 수 있는 곳이에요.
- **제6관 새로운 나라** : 항일 운동과 대한민국 임시 정부에 관한 자료가 있는 곳이에요.
- **제7관 체험 존** : 로봇, 영상 등을 활용한 체험을 할 수 있어요. 이 밖에도 홍보관, 함께하는 독립운동 체험관, MR 독립 영상관 등이 있어요.

이 7가지 전시관 중에, 독립군과 항일 운동에 대해 자세히 다룬 5관, 6관, 7관을 살펴보도록 해요!

 ## 제5관 나라 되찾기(국내외 항일 무장 투쟁)

일제 강점기 때 만주를 중심으로 나라 밖에서 활동하던 독립군, 의사·열사들에 대한 자료를 만나 볼 수 있는 곳이에요.

항일 무장 투쟁 모형

삼일 운동 이후에 만주, 간도, 연해주 등에서 항일 무장 독립 전쟁이 많이 일어났어요. 이것은 독립군들이 항일 무장 투쟁을 하는 모습을 연출한 모형이에요. 태극기와 무기를 들고 독립을 위해 싸웠을 분들을 생각하니 뭉클하지 않나요?

이봉창 의사 선서문

1932년 1월 8일, 이봉창 의사는 일본 천황에게 폭탄을 던졌어요. 비록 실패로 끝났지만, 누구보다 용감하게 독립 의지를 보여 준 사건이었지요. 이것은 이봉창 의사가 일본 천황을 저격하기 전에 직접 쓴 선서문이에요. 우리나라에 대한 애국심이 담겨 있지요.

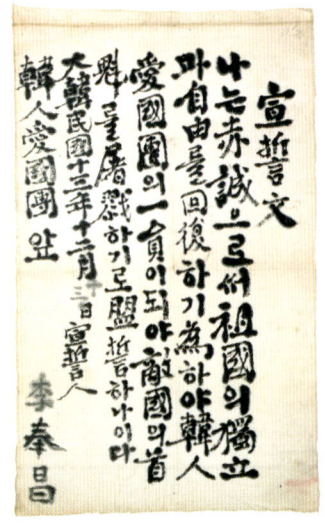

윤봉길 의사 폭탄 투여 모형

1939년 4월 29일 윤봉길 의사가 상하이 홍커우 공원에서 열린 일본 천황 생일 축하 기념식장에 폭탄을 던졌어요. 윤봉길 의사가 폭탄을 던진 것을 재현한 모습을 보니, 그날의 긴장감이 직접 전해지는 듯해요. 어려운 용기를 낸 윤봉길 의사, 정말 대단해요!

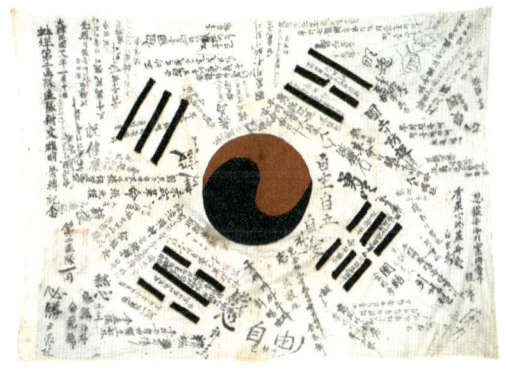

한국광복군 서명 태극기

'한국광복군'은 대한민국 임시 정부가 무장 독립 투쟁을 위해 만든 군대예요. 이 태극기에 쓰여 있는 것들이 보이나요? 이것은 한국광복군의 군인들이 우리나라의 독립을 꿈꾸며 태극기에 서명을 한 것이에요.

 ## 제6관 새로운 나라(항일 운동, 대한민국 임시 정부)

　대한민국 임시 정부의 탄생과 활동, 광복과 정부 수립까지의 내용을 자세히 알려 주고 있어요.

　대한민국 임시 정부는 1919년 3·1 운동 때의 독립 선언을 계기로 탄생했어요. 당시 나라 안팎의 항일 독립운동을 주도하고, 오롯한 우리나라를 세우기 위해 노력했지요. 중국 상하이를 시작으로 항저우, 난징, 광저우, 충칭 등으로 여러 번 이동했어요.

대한 독립 선언서

　1919년, 국민이 주인인 나라임을 알리는 독립 선언서와 대한민국 임시 정부 성립 선포문이 적힌 포스터예요. 우리 민족은 자주 독립국으로서 스스로 권리를 행사하고, 독립을 반드시 지켜 내겠다는 굳은 의지가 담겨 있어요.

김구 서명문 태극기

　1941년, 대한민국 임시 정부 김구 주석이 한국 광복군 지원을 당부하는 글을 써서 미국으로 가는 미우스 신부에게 전달한 태극기예요.
　김구 주석이 붓으로 직접 한 자 한 자 적은 글자 143자와 함께 도장이 찍혀 있어요. 2021년에 우리나라 보물로 지정되었답니다.

군사 활동과 의열 투쟁 모형

　대한민국 임시 정부는 군대를 만들어 독립 전쟁을 하기로 했어요. 1919년 12월 국무 회의에서 법을 마련하여 육군 무관 학교와 비행사 양성소를 설립했어요. 또 의열 투쟁을 위한 한인 애국단을 결성했지요. 한인 애국단은 침략자를 무찌르는 투쟁을 활발하게 해 나갔어요.

임시 정부 연화지 청사 모형

　임시 정부의 마지막 청사예요. 4층짜리 건물 안에 각 부서가 있고 주석 집무실, 접견실, 회의실, 요인 숙소 등이 자리 잡고 있어요.

 **체험 존**

사진도 찍어 보고, 독립운동 임무 수행 활동도 해 보고, 신흥 무관 학교 활동도 체험하며 역사를 느껴 볼 수 있는 곳이에요.

마법 사진관

독립운동과 관련된 오래된 사진에 슈퍼노바 기술을 적용하여 고화질 사진으로 복원할 수 있어요. 여기에 내 모습을 사진으로 찍으면 독립운동 사진과 합성할 수 있지요. 독립운동 현장에 참여하는 기분을 느낄 수 있답니다! 합성된 사진은 이메일로 받아 볼 수 있어요.

NUGU 알버트 코딩 로봇 체험

아직도 일본어인 줄 모르고 우리말처럼 사용하는 단어들이 있어요. 코딩 로봇 알버트를 움직여 우리가 흔히 쓰고 있는 일본어를 우리말로 바꾸는 체험을 해 봐요. 또 코딩 로봇 알버트를 움직여 임무를 수행하고, 1910~1920년대 중국 만주 지역 독립운동 기지 건설과 독립 전쟁의 역사를 배울 수 있어요.

실감형 인터랙티브 콘텐츠

독립군 양성의 요람, 신흥 무관 학교 졸업생들은 봉오동·청산리 전투 등에서 활약하며 독립 전쟁을 승리로 이끌었어요. 이러한 신흥 무관 학교의 설립과 활동을 실감 나는 영상으로 감상할 수 있답니다. 영상이 끝나면 네 면으로 이루어진 공간에서 신흥 무관 학교 입학과 학생들의 활약상 등을 인터랙티브 영상으로 직접 체험해 봐요.

역사가 숨 쉬는 독립 기념관

독립 기념관

- 우리나라 독립을 위해 노력한 민족의 역사를 기록하고 전시한 곳
- 독립기념관 상징 건물인 겨레의 집 뒤편으로 7개의 전시관이 있음

제5관 나라 되찾기

일제 강점기 때 만주를 중심으로 나라 밖에서 활동하던 독립군, 열사들에 대한 자료를 전시한 곳

- **항일 무장 투쟁 모형** : 삼일 운동 이후 만주, 간도 등에서 일어난 항일 무장 투쟁 모습을 연출
- **이봉창 의사 독립 선서문** : 1932년 1월 8일, 이봉창 의사가 일본 천황에게 폭탄을 던지기 전에 직접 쓴 독립 선서문
- **윤봉길 의사 폭탄 투여 모형** : 1939년 4월 29일, 윤봉길 의사가 상하이 홍커우 공원에서 일본 천황에게 폭탄을 던진 모습을 재현
- **한국광복군 태극기 서명** : 대한민국 임시 정부가 무장 독립 투쟁을 위해 만든 한국광복군 군인들이 우리나라 독립을 꿈꾸며 태극기에 서명을 한 것

제6관 새로운 나라

대한민국 임시 정부에 관한 다양한 자료를 모아 놓은 곳

- **대한 독립 선언서**: 독립 선언서와 대한민국 임시 정부 성립 선포문을 담은 포스터
- **김구 서명문 태극기**: 김구가 자필로 글을 써서 미우스 신부에게 준 태극기
- **군사 활동과 의열 투쟁 모형**: 한인 애국단의 의열 투쟁을 재현한 모형
- **임시 정부 연화지 청사 모형**: 마지막 임시 정부 청사의 내부 구조를 보여 주는 모형

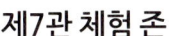

제7관 체험 존

나라 사랑 정신과 역사를 직접 체험해 보는 곳

- **마법 사진관**: 사진 복원 기술로 내 모습과 독립운동 현장을 합성해 보는 활동
- **NUGU 알버트 코딩 로봇 체험**: 코딩 로봇을 움직여 우리말과 독립운동을 제대로 알아보는 활동
- **실감형 인터랙티브 콘텐츠**: 신흥 무관 학교 활동을 영상으로 보고, 직접 체험하는 활동

진정한 독립 역사가 담긴, 서울 서대문 독립 공원

 서울 서대문에 있는 독립 공원은 1992년 8월 15일에 문을 연 공원으로, 우리나라 독립을 위해 힘쓴 분들을 오래오래 기억하기 위해 만든 곳이에요. 우리나라가 자주 국가가 되기까지의 조상들의 노력이 깃들어 있지요.

독립문

 1897년 사회단체였던 독립협회가 독립문을 세웠어요. 파리 개선문을 본떠서 만들었지요. 일본이 우리나라를 식민지로 삼기 전까지 우리나라는 중국의 많은 간섭을 받았어요. 이 독립문은 이러한 간섭에서 벗어나 우리나라 스스로 독립하는 것을 바라고자 세운 문이에요. 1979년에는 종로구 교북동에서 이곳으로 자리를 옮겼어요.

사진 제공 : 서대문 형무소 역사관

서대문 형무소 역사관

　서대문 형무소는 일본이 독립운동가들을 잡아 가두고 고문하던 시설이에요. 1908년 경성 감옥으로 만들어져, 1923년 서대문 형무소로 이름이 바뀌었어요.

　서대문 형무소는 현재 서대문 형무소 역사관으로 바뀌어 서대문 독립 공원에 남아 있어요. 일본이 우리나라에 저지른 악행, 우리 민족들의 독립운동 역사를 기억하기 위해서이죠.

　이곳에 가면 감옥과 사형장, 고문 시설 등을 체험해 볼 수 있어요.

서대문 형무소 역사관
- **위치** 서울시 서대문구 통일로 251
- **전화번호** 02-360-8590
- **개관 시간** 9:30~18:00(3~10월) / 9:30~17:00(11~2월)
　　　　　월요일, 1월 1일, 설·추석 쉽니다.

1 우리나라의 국경일은 모두 며칠일까?

1 가온이가 우리나라 5대 국경일과 날짜를 썼어요. 그런데 실수로 지워진 부분이 있지요. 빈칸에 알맞은 말을 쓰세요.

> **우리나라 5대 국경일**
> - 삼일절 : 3월 1일
> - (①) : 7월 17일
> - 광복절 : (②)
> - 개천절 : 10월 3일
> - 한글날 : 10월 9일

2 한글날은 왜 다른 국경일처럼 끝에 절을 붙여서 한글절이라 부르지 않고 한글날이라 할까요?

① 특이해 보이려고 '날'을 붙인 것이다.
② 가장 마지막에 국경일이 되었기 때문이다.
③ '한글'이 우리말이므로 뒤에도 우리말을 붙였다.

3 빈칸에 알맞은 국경일은 무엇인가요?

> ( )은 유일하게 공휴일이 아닌 국경일이다. 원래는 공휴일이었지만, 주5일 근무제가 실시되면서 쉬는 날이 너무 많다는 이유로 공휴일에서 제외되었다.

4 가온이와 엄마의 대화를 보고, 빈칸에 알맞은 말을 쓰세요.

서술형문항대비 ✓

> 가온 : 엄마, 우리나라 5대 국경일을 조사해 봤는데, 현충일이 빠진 것 같아요!
> 엄마 : 응, 현충일은 국경일이 아닌, 법정 기념일이란다. 법정 기념일은 특정한 일이나 의미 있는 사건을 기념하기 위해 나라에서 정한 날이지.
> 가온 : 왜 현충일은 국경일이 안 된 거예요?
> 엄마 : 음, 그건 (   )

5 다른 나라 국경일에는 무엇이 있는지 조사해 보고, 보고서를 써 보아요.

다른 나라 국경일

① 나라 이름 :

② 국경일 이름과 날짜 :

③ 국경일 의미 :

2 빼앗긴 나라를 되찾자, 삼일절

1 다음 설명 중 틀린 것을 고르세요.

① 삼일절은 1919년 3월 1일에 펼쳐진 삼일 운동을 기념하는 날이다.
② 우리나라는 1910년부터 1945년까지 일본의 식민지였다.
③ 삼일 운동은 일본으로부터 나라를 되찾으려는 운동으로, 학생들만 참여하였다.
④ 우리나라 정부는 삼일절을 국경일로 정하여 해마다 삼일절에 다양한 행사를 열고 있다.

2 뉴스 앵커의 말입니다. 빈칸에 들어갈 말을 쓰세요.

"오늘은 매우 슬픈 날입니다. 일본이 고종 황제의 거부에도 불구하고, 우리나라의 외교권을 빼앗는 (　　　　)을 강제로 맺었기 때문입니다. 외교권을 빼앗기면 우리나라는 다른 나라와 직접 외교를 할 수 없게 됩니다. 한규설 같은 신하들이 반대하였으나, 소용없었습니다······."

3 1919년에 일어난 삼일 운동은 하루 만에 끝나지 않았어요. 삼일 운동은 처음과 나중이 어떻게 달라졌나요? 삼일 운동의 변화를 한 가지 이상 써 보 <small>서술형문항대비 ✓</small>

(예: 처음에는 도시에서 시작하여 점차 농촌과 외국 등으로 퍼졌다.)

4 다음을 시간 순서대로 나열해 보세요.

> ① 일본이 우리나라와 강제로 한일 합병 조약을 맺었다.
> ② 탑골 공원에서 학생들이 독립 선언서를 낭독하고, 만세를 부르며 거리 행진을 벌였다.
> ③ 서울 인사동의 음식점 태화관에서 민족 대표들이 모여 독립 선언서를 낭독하였다.
> ④ 일본 도쿄에서 유학생들이 독립 선언과 만세 운동을 했다.

( ) → ( ) → ( ) → ( )

5 신문 기사 제목으로 알맞은 것을 고르세요.

아르볼 신문

( )

지난 1920년 6월에 홍범도가 이끄는 대한 독립군이 만주의 봉오동에서 일본군과 싸워 승리한 데에 이어, 이번에는 김좌진이 이끄는 북로 군정서가 만주 청산리에서 일본군과 싸워 크게 이겼다. 김좌진은 명문 양반 집안 출신으로, 만주에서 무장 독립군을 이끄는 총사령관이었으며, 일본군에 맞서 청산리 대첩을 승리를 이끄는 데 큰 역할을 하였다.

① 나라 잃은 슬픔, 이 날을 잊지 말자!
② 축! 대한민국 임시 정부가 세워지다!
③ 독립군, 일본군을 무찌르며 활약하다!

3 최초의 헌법을 만들다, 제헌절

1 다음 설명 중 맞는 것은 ○, 틀린 것은 × 하세요.

① 1948년 7월 17일, 이승만이 전 세계에 우리 헌법을 알리는 선언서를 낭독하였다. (   )

② 제헌절은 대한민국 최초의 헌법을 공포하는 것을 기념하는 국경일이다. (   )

③ 이승만은 우리나라 첫 번째 국회 의장이자, 세 번째 대통령이다. (   )

2 다음 빈칸에 알맞은 말을 쓰세요.

1948년 5월 10일, 남한에서만 선거를 해서 뽑은 198명의 국회 의원들로 구성된 최초의 국회를 (   )라고 한다.

3 아이들이 수업 시간에 배운 것을 떠올리며 이야기하고 있어요. 셋 중 잘못된 정보를 말한 사람을 찾고, 그 이유도 써 보세요.

> 수희 : 헌법 재판소는 여러 가지 법들이 헌법에 어긋나는지 심사하고 판단하는 곳이야. 대통령과 국회, 대법원장이 뽑은 아홉 명의 재판관으로 구성되어 있지.
> 다정 : 맞아. 아홉 명의 재판관 중 한 명이라도 '헌법에 어긋난다.'라고 결정하면 그 법은 곧바로 힘을 잃게 돼.
> 유정 : 헌법 정신에 맞지 않는 법률 때문에 기본권을 침해받았다고 생각하는 사람이 직접 헌법 재판소에 도움을 청해서 잘못을 고쳐 달라고 말하는 것이 헌법 소원이야.

4 선생님의 설명을 듣고, 빈칸에 들어갈 장소를 〈보기〉에서 고르세요.

> "( )은(는) 국민들의 대표인 국회 의원들이 모여서 회의도 하고, 토론도 하는 곳이에요. 국회 의원들은 이곳에 모여 우리나라 법을 만드는 입법 활동을 하지요. 맨 처음에는 서울 세종로 중앙청 중앙홀에 위치하였다가, 지금은 서울 여의도에 있어요."

보기

헌정 기념관   국회 의사당   법원   청와대

4 나라의 빛을 되찾다, 광복절

1 빈칸에 알맞은 말을 쓰세요.

광복절은 1945년 8월 15일, 우리나라가 35년 만에 빼앗긴 나라를 되찾고, 1948년 8월 15일 대한민국 정부가 수립된 것을 기념하는 날이다. '광복'은 '빛을 되찾다.'라는 뜻으로 (　　　　　　)라는 의미이다.

2 빈칸에 들어갈 사건으로 알맞은 것을 고르세요.

1941년, 일본 군대가 미국 태평양 함대 기지를 기습함으로써 일본과 연합군 사이에 전쟁이 일어났다.
↓
1943년 _____
전쟁이 연합군에 유리하게 진행되자, 연합군은 일본에 항복을 요구하였다.
↓
1945년 미국은 일본에 원자 폭탄을 떨어뜨렸고, 결국 일본이 항복하면서 우리나라는 독립이 되었다.

① 미국, 소련, 영국 세 나라가 소련 수도 모스크바에서 전쟁이 끝나면, 우리나라를 신탁 통치하기로 결정하였다.
② 미국, 영국, 중국의 대표들이 이집트 카이로에 모여 전쟁이 끝나면 한국을 일본으로부터 독립시킬 것을 선언하였다.
③ 일본 천황이 전쟁에서 지면, 우리나라에서 물러나겠다고 약속하였다.

3 퀴즈 프로그램에 다음과 같은 문제가 나왔어요. 정답을 맞힌 사람은 누구일까요?

> "자, 이번 문제에서는 장소와 인물 두 가지를 맞혀 주시면 되는데요. 잘 들어 주세요! 이 사람은 우리나라 정치가이자 독립운동가였습니다. 일제 강점기 때는 이곳에 있는 대한민국 임시 정부에서 독립운동을 지원하고, 해방 뒤에는 남한만의 단독 선거를 반대하며 민족 화합을 애썼지만 1949년 결국 암살당하고 말았지요. 이 사람은 누구일까요? 그리고 대한민국 임시 정부가 있었던 이곳은 어디일까요?

① **수진** : 정답은 상하이, 윤봉길입니다!
② **영우** : 아닙니다. 우리나라 임시 정부는 북경에 있었으므로 정답은 북경, 윤봉길입니다.
③ **희원** : 우리나라 임시 정부가 있었던 곳은 상하이고, 남북한 통일 정부를 세우기 위해 노력했던 사람은 김구입니다.

4 다음에서 설명하는 나라는 각각 무엇인가요?

> 일본으로부터 해방된 뒤, 우리나라가 독립 국가를 스스로 세우려고 했지만, 강대국은 이것을 인정하지 않았다. (㉠)과 (㉡)은 한반도 북위 38도선을 경계로 하여 (㉠)은 북쪽에, (㉡)은 남쪽에 들어와 각각 군사 정부를 세웠다.

① ㉠ 미국 ㉡ 소련   ② ㉠ 미국 ㉡ 영국
③ ㉠ 소련 ㉡ 미국   ④ ㉠ 영국 ㉡ 소련

5 이 땅에 나라를 세우다, 개천절

1 빈칸에 알맞은 종교를 고르세요.

단군이 우리나라 최초의 국가인 고조선을 세운 것을 기념하는 날이다. (   )의 종교 의식으로 시작되었다. 원래는 음력 10월 3일로 기념해 오다가, 1949년 10월부터는 양력 10월 3일로 바꾸어 지금까지 국경일로 기념해 오고 있다.

① 기독교　　② 불교　　③ 원불교　　④ 대종교

2 다음은 단군 신화예요. 밑줄 친 부분에 대하여 잘못 설명한 사람을 고르세요.

하늘나라에서 환웅이 ①비, 바람, 구름의 신과 3천 명의 신하를 이끌고 인간 세상으로 내려왔다. 어느 날, ②호랑이와 곰이 환웅을 찾아와 사람이 되고 싶다고 했다. 환웅은 이들에게 100일 동안 쑥과 마늘만 먹으며 기도를 하면 사람이 될 수 있다고 했다. 그러나 호랑이는 도중에 포기하고, 곰은 끝까지 약속을 지키어 마침내 여인 웅녀가 되었다. 웅녀와 환웅 사이에서 태어난 아들이 ③단군이다.

① **가영** : 환웅이 비, 바람, 구름의 신을 거느렸다는 것은 그만큼 농사가 중요한 사회였다는 것을 보여 줘.
② **희수** : 실제 동물이 아니라, 각각 곰과 호랑이를 섬기던 부족이야.
③ **우빈** : 단군은 실제 1500년 동안 나라를 다스렸다고 해.

3 다음에서 설명하는 것은 무엇인가요?

- 개천절에 단군에게 제사를 지내는 곳
- 강화도 마니산 가운데 봉우리에 있음
- 돌로 둥글게 쌓은 아랫단과 네모반듯하게 쌓은 윗단으로 구성됨

(   )

4 고조선에 대한 설명으로 잘못된 것을 고르세요.

① **생활** : 사람들이 꼭 지켜야 할 8조법이 있었으며, 이를 보아 사회 질서가 매우 엄격했음을 알 수 있다.
② **문화 유적** : 고인돌과 비파형 동검이 있다. 고인돌은 이때의 무덤 양식으로서, 지금은 남아 있지 않다.
③ **고조선의 멸망** : 기원전 108년 중국 한나라에 침략당하여 멸망하였다.

6 자랑스런 우리 글자를 만들다, 한글날

1 한글날에 대한 설명이에요. 알맞게 짝지어진 것을 고르세요.

> 한글날은 1926년에 (㉠)이라는 이름으로 처음 생겨났다. 일제 강점기 때 우리 민족의 자긍심을 높이기 위해 만든 것이다. 그러다 나중에 (㉡)(이)라는 국어학자가 '한글'이라는 이름을 만들어 한글날로 바뀌었다.

① ㉠ 가갸날 ㉡ 신숙주
② ㉠ 가갸날 ㉡ 주시경
③ ㉠ 가나날 ㉡ 신숙주
④ ㉠ 가나날 ㉡ 주시경
⑤ ㉠ 가나날 ㉡ 정인지

2 자음을 어떻게 읽는지 빈칸에 알맞게 써 보세요.

> **한글 자음 읽기**
> ㅇ 이응
> ㅈ 지읒
> ㅊ (①)
> ㅌ (②)

3 세종 대왕은 백성들이 말과 글을 사용하는 데 편리함을 주기 위해서 훈민정음을 만들었어요. 그런데 세종 대왕이 훈민정음을 반포하려고 할 때, 이를 반대하는 학자들이 많았어요. 이들은 왜 훈민정음 반포를 반대했나요? 　서술형 문항대비 ✓

4 다음에서 설명하는 유물은 무엇인가요?

- 1447년에 만들어진 것으로 조선 왕조를 찬양하고 조상들의 덕을 칭송한 노래책이다.
- 모두 125장으로 구성되어 있으며, 훈민정음으로 엮은 최초의 노래책이다.

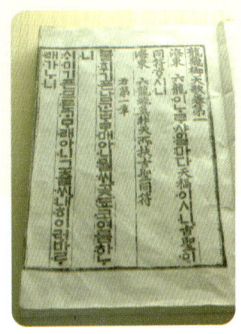

① 『훈민정음 예의본』
② 『훈민정음 해례본』
③ 『용비어천가』

7 역사가 숨 쉬는 독립 기념관으로 출발!

1 다음 〈보기〉의 키워드를 보고, 가장 관련 깊은 전시품을 고르세요.

> 보기
>
> 만주·간도·연해주, 독립군, 항일 무장 투쟁

①    ② 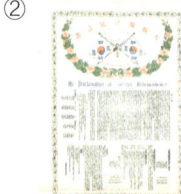   ③

2 가온이 아빠가 독립 기념관에서 한 전시품에 대해 설명하고 있어요. 이 전시품은 무엇일까요?

> 1941년 대한민국 임시정부 김구 주석이 쓴 글이 담긴 태극기야. 한국광복군 지원을 당부하는 내용으로, 미국에 가는 미우스 신부에게 전달해 주었대. 2021년에 우리나라 보물로 지정되었지.

3 가온이가 독립 기념관을 본 뒤 감상을 말하고 있어요. 가온이가 말하는 인물은 누구인가요?

"나는 독립 기념관에서 이분의 모형이 가장 기억에 남아. 1939년 4월 상하이 훙커우 공원에서 열린 일본 천황 생일 축하 기념식에 폭탄을 던지신 분이지. 어떻게 그런 용기를 내셨을까?"

4 독립 기념관에 다녀온 뒤, 체험 학습 보고서를 써 보세요.

날짜		이름		학년, 반	
장소	독립 기념관				
가는 방법					
체험 학습 내용	체험 학습 전 알았던 사실				
	체험 학습 뒤 알게 된 점				
느낀 점					
아쉬운 점					

내 생일도 국경일 하면 안 돼요? 정답

❶ 우리나라의 국경일은 모두 며칠일까?

1. ① 제헌절 ② 8월 15일
2. ③
3. 제헌절
4. 현충일은 나라를 위해 목숨을 바치신 조상들을 기리는 날이므로 경사스러운 날이기보다는 추념하는 날이기 때문이다.

❷ 빼앗긴 나라를 되찾자, 삼일절

1. ③. 삼일 운동은 학생, 청년, 노인 너나 할 것 없이 온 민족이 참여하였다.
2. 을사조약
3. 처음에는 학생들이 주도했다가 나중에는 상인과 노동자, 농민 등도 같이 주도자가 되었다, 처음에는 비폭력 시위였다가 점차 무기를 지니고 싸우는 폭력 투쟁의 모습으로 바뀌었다.
4. ①→④→③→②
5. ③

❸ 최초의 헌법을 만들다, 제헌절

1. ① ○ ② ○ ③ ×. 이승만은 우리나라 첫 번째 대통령이다.
2. 제헌 국회
3. 다정. 아홉 명의 재판관 중 여섯 명 이상이 '헌법에 어긋난다.'라고 결정하면 그 법은 곧바로 힘을 잃게 된다.
4. 국회 의사당

❹ 나라의 빛을 되찾다, 광복절

1. 잃어버린 국권을 회복하다
2. ②
3. ③
4. ③

❺ 이 땅에 나라를 세우다, 개천절

1. ④
2. ③. 단군은 한 인물이 아니라, 직위를 나타내는 명칭으로 고조선을 지배했던 통치자를 말한다. 1500년 동안이나 나라를 다스렸다는 건, 그동안 통치자가 여러 번 바뀌었다는 의미다.
3. 참성단
4. ②

❻ 자랑스런 우리 글자를 만들다, 한글날

1. ②
2. ① 치읓 ② 티읕
3. 그때 우리나라는 중국의 한자를 쓰며, 중국에 대한 사대주의가 심했다. 새로운 글자를 만드는 것은 중국에 대한 예의가 어긋난다고 생각했기 때문이다.
4. ③

❼ 역사가 숨 쉬는 독립 기념관으로 출발!

1. ①
2. 김구 서명문 태극기
3. 윤봉길

찾아보기

국경일
국경일 16
법정 기념일 16
현충일 18

삼일절
김좌진 45
대한민국 임시 정부 42
독립군 44
삼일 운동 36
삼일절 30
유관순 41
을사조약 32
2.8 독립 선언 48
일제 강점기 30
제암리 학살 사건 49
한일 병합 조약 34

제헌절
국회 의사당 66
기본권 61
이승만 57
제헌 국회 58
제헌절 56

헌법
헌법 56, 60
헌법 소원 62
헌법 재판소 62

광복절
광복절 74
김구 81
나눔의 집 85
신탁 통치 79
윤봉길 의거 77
제2차 세계 대전 76
친일파 84

개천절
개천절 92
고조선 102
단군 92
단군 신화 94
제천 의식 93
참성단 98
참성단 중수비 99
8조법 102
홍익인간 97

159

한글날
성삼문 ······················ 117
세종 대왕 ·················· 116
신숙주 ······················ 117
『용비어천가』 ············ 121
정인지 ······················ 117
한글날 ······················ 110
훈민정음 ·················· 112
『훈민정음』 ·············· 120
『훈민정음 예의본』 ···· 120
『훈민정음 해례본』 ···· 120

독립 기념관
김구 서명문 태극기 ···· 137
대한 독립 선언서 ······· 136
독립 기념관 ·············· 132
독립문 ······················ 142
서대문 형무소 역사관 ··· 143
서울 서대문 독립 공원 ··· 142